金融機関のための

経済安全保障推進法のリスク管理措置への対応

NRIセキュアテクノロジーズ 編

中央経済社

▶▶はじめに

本書「金融機関のための経済安全保障推進法のリスク管理措置への対応」は，金融機関の経営者やリスク管理担当者及び関連する重要設備・構成設備の担当者を対象に，経済安全保障推進法に関連するリスク管理措置を包括的に理解し，実務に活用できる知識を提供することを目的としています。

近年，グローバルな経済情勢や地政学的リスクの変化に伴い，各国における経済安全保障の重要性が高まっています。特に金融機関は，その性質上，国際的な取引や投資に関与する機会が多く，経済安全保障に関連する法規制に対応することが求められています。

また，金融機関からシステムの委託を受けるITベンダーも，安定的な金融システムを守る役割を担っているという認識から経済安全保障への意識が高まっています。

経済安全保障推進法のリスク管理措置において，特定社会基盤事業者[1]である金融機関と特定重要設備・構成設備[2]の供給者であるITベンダーが実施するべき内容は多岐にわたります。

このリスク管理措置は，実施するべき内容が記載されているものの，具体的な方法や実装のレベル感については金融機関に委ねられているところが多く，金融機関もITベンダーもその対応に苦慮するところです。

本書では，リスク管理措置の具体的な実装方法に重点を置き，リスク管理措置及びその解説書から，その実装方法を金融機関及びITベンダーに対し，分かりやすく解説します。

1） 特定社会基盤事業者：「基幹インフラ役務の安定的な提供の確保」に係る制度の対象となるインフラ事業者のこと。電気，ガス，水道，空港など15分野のうち，その機能が停止・低下した場合に国家・国民の安全を損なうおそれが大きいものが該当。
2） 特定重要設備・構成設備：基幹インフラ役務の安定的な提供に必要で，かつ妨害行為の対象になる可能性がある設備を指す。具体的にどの設備が特定重要設備（及びその構成設備）に該当するかは，各事業の所管官庁が省令で定義。

本書では以下について記載しています。

● 経済安全保障推進法の概要

当該法律の概要や申請手続きの概要を説明します。

● 金融機関におけるリスク管理の要点

経済安全保障推進法におけるリスク管理措置の具体的な内容や実務上の留意点を説明します。

● 実務対応策の具体例

リスク管理措置に対応するための実際の手続きや事例を紹介し，実務に即したアドバイスを提供します。

● 統制レベルアップ策

欧米での対策事例や昨今のインシデント事例を基に最新のソリューションやツール導入事例を紹介します。

● 関連法制度・ガイドライン情報とその影響

欧米各国の経済安全保障に関する最新の動向や，経済安全保障推進法に係る監督省庁のガイドラインの状況を紹介します。

これにより，金融機関の経営者・担当者及び関連する組織が経済安全保障推進法におけるリスク管理措置に対する理解を深め，リスク管理措置の具体的な手段を講じることができるようサポートし，持続可能なリスク管理措置を実現するための一助となることを目指しています。

リスク管理措置に基づく対策は，各国の法制度状況やサイバーセキュリティインシデント状況により日々アップデートされるものと思料しています。対応すれば終わりではなく，金融機関及びITベンダーが晒されるリスクを常時モニタリングし，サイバーセキュリティに関するトレンドを掴みながら組織にとって最良のリスク対策を継続的に改善していくことが何よりも肝要です。

経済安全保障推進法に対応される皆様にとって，本書が少しでも役立つことを願っております。

最後になりますが，本書執筆にあたりサポートしてくださった全ての方々に心から感謝いたします。

2024年12月

著者一同

i

▶▶▶目　次

▶▶はじめに

　凡例

第1章　経済安全保障推進法の概要　　1

|1| 経済安全保障推進法の背景と目的 ━━━━━━━━━━━━━ 3

|2| 法律制定の背景 ━━━━━━━━━━━━━━━━━━━━━ 3

　1　自由民主党による政策検討 ……………………………………… 3

　2　国内外の情勢変化 ………………………………………………… 4

|3| 経済安全保障推進法の目的 ━━━━━━━━━━━━━━━━ 6

|4| 経済安全保障推進法の4つの施策 ━━━━━━━━━━━━ 10

　1　重要物資の安定的な供給の確保 ………………………………… 10

　2　基幹インフラ役務の安定的な提供の確保 ……………………… 12

　3　先端的な重要技術の開発支援 …………………………………… 13

　4　特許出願の非公開 ………………………………………………… 14

|5| 基幹インフラ役務の安定的な提供の確保に関する制度の概要 ━━ 15

　1　制度の背景と目的 ………………………………………………… 15

　2　対象となる基幹インフラ分野 …………………………………… 16

　3　特定社会基盤事業者の指定 ……………………………………… 17

　4　重要設備の導入等に係る事前審査制度 ………………………… 17

　5　リスク管理措置 …………………………………………………… 18

　6　報告義務と立入検査 ……………………………………………… 20

|6| 罰則規定 ━━━━━━━━━━━━━━━━━━━━━━━ 21

第 2 章　金融セクターにおける経済安全保障推進法・基幹インフラ制度の解説　23

| 1 | 金融セクターにおける基幹インフラ役務の位置づけ ——————— 25 |
| 2 | 特定社会基盤事業者として指定された金融機関 ——————— 26 |

　1　特定社会基盤事業者の指定基準 ————————————— 26

　2　特定社会基盤事業者として指定された金融機関 ————— 27

| 3 | 金融セクターにおける重要設備 ————————————— 31 |

　1　銀行 ——————————————————————————— 33

　2　系統中央機関 ——————————————————————— 33

　3　資金移動業者 ——————————————————————— 34

　4　保険会社 ————————————————————————— 35

　5　取引所 —————————————————————————— 36

　6　金融商品取引清算機関 —————————————————— 37

　7　証券会社 ————————————————————————— 37

　8　信託業者 ————————————————————————— 38

　9　資金清算機関 ——————————————————————— 39

　10　前払式支払手段（第三者型）発行者 ——————————— 40

　11　預金保険機関 ——————————————————————— 40

　12　振替機関 ————————————————————————— 41

　13　電子債権記録機関 ———————————————————— 42

| 4 | 導入等計画書に関する運用の枠組み ————————————— 42 |

　1　制度のスキーム —————————————————————— 42

　2　特定妨害行為 ——————————————————————— 44

　3　特定重要設備の導入 ——————————————————— 44

　4　重要維持管理等の委託 —————————————————— 46

　5　子会社等からの導入（届出不要のケース）———————— 47

目　次　**iii**

5 　導入等計画書の作成・届出 ───────────── **47**

　　1　供給者及び委託先に関する記載範囲 ················ **49**

　　2　構成設備に関する記載省略の特例 ················· **50**

　　3　リスク管理措置に関する記載 ··················· **50**

　　4　導入等計画書の届出 ······················· **51**

　　5　バイパス提出（機微情報等の直接提出） ············· **52**

　　6　緊急導入等の場合（事後提出） ·················· **53**

　　7　記載事項の変更 ························· **54**

　　8　重要維持管理等の契約更新時の注意 ··············· **56**

6 　審査・勧告 ────────────────── **56**

　　1　審査の内容 ··························· **56**

　　2　審査に伴う検査等 ························ **57**

　　3　勧告及び応諾等 ························· **58**

　　4　事後的な勧告 ·························· **58**

第 **3** 章　　リスク管理措置に係る
　　　　　　用語の定義・理解の前提　　　　　**59**

1 　主な参考資料 ───────────────── **61**

2 　リスク管理措置における基本方針 ──────────── **63**

　　1　特定重要設備の導入に係るリスク管理措置 ··········· **63**

　　2　重要維持管理等の委託に係るリスク管理措置 ·········· **64**

　　3　管理体制の確認のために必要なリスク管理措置 ········· **65**

3 　ベースラインの対策について ─────────────── **65**

　　1　ベースラインの対策の定義と重要性 ··············· **66**

　　2　金融セクターにおけるベースラインの対策の例 ········· **67**

　　3　ベースラインの対策を実装する際の留意点 ··········· **70**

4　ベースライン対策の継続的な見直しと更新 ……………………… **70**

　　5　まとめ …………………………………………………………………… **71**

4　工程や環境に関する用語について ————————————— **71**

　　1　工程に関する用語 ……………………………………………………… **71**

　　2　環境に関する用語 ……………………………………………………… **72**

5　「導入」における関係者等の枠組み ————————————— **74**

　　1　導入に携わる者 ………………………………………………………… **74**

　　2　構成設備の供給者の対象範囲 ………………………………………… **75**

　　3　製造設備（開発環境を含む。）の対象範囲 ………………………… **76**

6　「重要維持管理等」における関係者等の枠組み ————————— **76**

　　1　重要維持管理等の委託に該当する範囲 ……………………………… **77**

　　2　プログラムの更新について …………………………………………… **77**

7　実践ガイドにおける対策の分類について ———————————— **78**

第 **4** 章　リスク管理措置の実践ガイド　　　　　　**81**

1　リスク管理措置の項目について ————————————————— **83**

　　1　リスク管理措置の項目一覧 …………………………………………… **83**

　　2　リスク管理措置の主な実施者 ………………………………………… **85**

　　3　リスク管理措置の実践ガイドの記載例 ……………………………… **88**

2　リスク管理措置：基本方針①【導入（１）】 ——————————— **90**

　　1　導入①-1,2：（第三者による）受入検査等の検証体制の構築，脆弱

　　　性検査の実施 …………………………………………………………… **90**

　　2　導入②-1,2：情報セキュリティ要件（最新のセキュリティパッチや

　　　不正プログラム対策ソフト等）の実装 ……………………………… **94**

　　3　導入③-1,2：品質保証体制の確立 …………………………………… **96**

目　次　**v**

 4 導入④-1,2：開発・製造過程における不正な変更等の定期的又は随時の確認 ……………………………………………………………………… **98**

 5 導入⑤-1,2：開発・製造環境への物理的（入退室管理）及び論理的な制御（システムへのアクセス制御） ……………… **100**

 6 導入⑥：インターネット接続時の不正アクセス防止機能実装，マニュアル整備 ……………………………………………………… **108**

 7 導入⑦：供給者・導入に携わる者が，設備設置時に不正な変更等を加えることを防止する体制 ……………………………… **111**

 8 導入⑧-1,2：不正な変更のおそれの原因究明体制の担保 ……… **113**

☐3 **リスク管理措置：基本方針②【導入（2）】**────── **115**

 1 導入⑨-1,2：供給者によるサービス保証（故障対応や脆弱性対応等） ………………………………………………………………… **115**

 2 導入⑩-1,2：サービス保証が受けられなくなった場合の代替手段の検討 ……………………………………………………………… **117**

☐4 **リスク管理措置：基本方針③【導入（3）】**────── **120**

 1 導入⑪：不正な妨害が行われた場合でも役務の提供を継続できる体制の整備 ……………………………………………………… **120**

 2 導入⑫：インシデント発生時の対応方針や体制の整備 ……… **123**

 3 導入⑬：設備に対するアクセスの制御及び不正アクセスの監視の仕組みの実装 ………………………………………………… **125**

☐5 **リスク管理措置：基本方針④【維持管理（1）】**──── **129**

 1 維持管理①：操作ログや作業履歴等の保管や不正な変更の有無の定期的又は随時の確認 ……………………………………… **129**

 2 維持管理②：最新のセキュリティパッチ適用等の定期的な資産管理 ……………………………………………………………………… **132**

 3 維持管理③：保有している設計書・設備等の情報への物理的（入退室管理）及び論理的な制御（システムへのアクセス制御） ……… **133**

4	維持管理④：実施環境における物理的（入退室管理）及び論理的な制御（システムへのアクセス制御）	139
5	維持管理⑤：サイバーセキュリティ教育	144

6 リスク管理措置：基本方針⑤【維持管理（2）】——— 146

1	維持管理⑥：再委託を行う場合における特定社会基盤事業者の承認等	146
2	維持管理⑦：再委託を行う場合の委託先と同等のサイバーセキュリティ対策の確保	148

7 リスク管理措置：基本方針⑥【維持管理（3）】——— 149

1	維持管理⑧：事業計画等による事業の安定性の確認	149

8 リスク管理措置：基本方針⑦【導入（4）・維持管理（4）】——— 151

1	導入⑭-1,2／維持管理⑨-1,2：過去3年間の国内関連法規及び国際的な基準の違反の確認	151

9 リスク管理措置：基本方針⑧【導入（5）・維持管理（5）】——— 156

1	導入⑮-1,2／維持管理⑩-1,2：外国の法的環境等による契約違反が生じたおそれがある場合の報告義務	156
2	導入⑯／維持管理⑪：映像機器の情報の取扱いの適切性確認（特定重要設備の設置場所）	159

10 リスク管理措置：基本方針⑨【導入（6）・維持管理（6）】——— 161

1	導入⑰／維持管理⑫：供給者に関する詳細な情報提供の担保	161

11 実践ガイドにおける主要ポイントの解説 ——— 164

1	「契約等により担保」が求められるリスク管理措置	164
2	導入①-1,2で必要な「供給者ではない第三者」による措置	166
3	「不正な変更」に関するリスク管理措置	167
4	「不正な変更の有無の確認」に関する対策	169
5	アクセス制限に関するリスク管理措置	171
6	セキュリティパッチ等の適用確認	172
7	組織的対策におけるルール等の定期的な遵守状況の確認	172

第 5 章　サプライチェーンセキュリティの更なる強化
175

1 サプライチェーンセキュリティの重要性 ―――――――――― 177
　1　委託先管理，サードパーティリスク管理からサプライチェーンリ
　　スク管理へ ―――――――――――――――――――――――――― 177
　2　金融セクターにおけるサプライチェーンセキュリティの特殊性 ―― 179

2 サプライチェーン攻撃・リスクの分類 ―――――――――――― 181
　1　ビジネスサプライチェーン攻撃 ―――――――――――――――― 181
　2　サービスサプライチェーン攻撃 ―――――――――――――――― 183
　3　ソフトウェアサプライチェーン攻撃 ―――――――――――――― 184
　4　金融機関に求められるサプライチェーンセキュリティ戦略 ―――― 185

3 ソフトウェアサプライチェーンセキュリティの詳細 ――――― 186
　1　ソフトウェア開発ライフサイクルにおけるリスク ――――――――― 186
　2　オープンソースソフトウェアのセキュリティリスク ―――――――― 188
　3　ソフトウェア更新プロセスを悪用した攻撃 ―――――――――――― 189
　4　ソフトウェア依存関係の複雑性がもたらすリスク ――――――――― 190
　5　コード署名の偽造や悪用 ――――――――――――――――――― 191
　6　ソフトウェアサプライチェーンセキュリティの実践に求められる
　　事項 ――――――――――――――――――――――――――――― 193

4 ソフトウェアサプライチェーン攻撃の事例研究 ――――――― 193
　1　SolarWinds攻撃 ――――――――――――――――――――――― 194
　2　Log4j脆弱性 ―――――――――――――――――――――――― 197
　3　XZUtilsバックドア ――――――――――――――――――――― 199
　4　金融セクターにおけるソフトウェアサプライチェーン攻撃事例 ―― 202
　5　事例研究から得られる主要な教訓 ――――――――――――――― 206

5 ソフトウェアサプライチェーンセキュリティ対策の実践 ――― 207

1 セキュアな開発プラクティスの導入（DevSecOps） ……………… 208

2 ソフトウェア構成分析（SCA）ツールの活用 …………………… 210

3 ソフトウェア部品表（SBOM）の作成と管理 …………………… 212

4 SAST/DAST/IASTを活用した脆弱性・不正プログラム検知 … 214

5 コード署名と完全性検証の強化 ……………………………………… 218

6 脆弱性管理とパッチ適用プロセスの最適化 ……………………… 220

7 ゼロトラストアーキテクチャの採用 ……………………………… 224

8 ソフトウェアサプライヤーの評価と監査 ………………………… 227

Column 本番端末室作業の新たな形：リモートワーク化で切り拓く

次世代運用モデル …………………………………………………… 230

6 組織的アプローチと人材育成 ───────────── 234

1 サプライチェーンセキュリティガバナンスの確立 …………… 234

2 サプライチェーンリスク管理の専門人材の育成 ……………… 236

3 組織全体でのサプライチェーンセキュリティ意識の向上 …… 238

4 サプライヤーとの協力関係構築と能力向上支援 ……………… 241

5 組織的アプローチと人材育成の重要性 ………………………… 243

第 6 章　海外関連法令・関連国内ガイドラインの動向　245

1 米国国家サイバー戦略（National Cyber Strategy of the United States of America） ────────────────────── 247

1 国家サイバー戦略の概要と戦略的目標 ………………………… 247

2 サプライチェーンのリスク管理 ………………………………… 248

3 日本のサイバーセキュリティ戦略 ……………………………… 249

2 NIST Secure Software Development Framework（SSDF） ── 251

1 SSDFの背景と目的 ……………………………………………… 251

目　次　ix

　　2　SSDFの主要な原則 ……………………………………………… 252

　　3　日本における自己認証制度 ……………………………………… 253

　③　欧州委員会（EU）デジタルオペレーショナルレジリエンス法
　　（DORA：Digital Operational Resilience Act） ―――――――――― 255

　　1　DORAの概要 ……………………………………………………… 255

　　2　DORAの主要な規制要件 ………………………………………… 256

　　3　日本におけるICTサードパーティ管理 ………………………… 258

　④　金融庁「金融分野におけるサイバーセキュリティに関するガイドラ
　　イン」――――――――――――――――――――――――――――― 258

　　1　金融分野におけるサイバーセキュリティに関するガイドラインの
　　　概要 ……………………………………………………………………… 258

第7章　今後の展望と課題　　263

　①　金融セクターにおける経済安全保障推進法への対応の課題 ―――― 265

　　1　金融セクターにおける経済安全保障推進法の対象 …………… 265

　　2　特定重要設備以外のリスク管理措置対策 ……………………… 266

　　3　ムービングターゲット …………………………………………… 268

　　4　リスク管理コストの恒常的な増加 ……………………………… 268

　　5　リスク管理要員の確保 …………………………………………… 269

　②　経済安全保障推進法への対応のための継続的な改善の必要性 ―― 270

　③　金融機関における経済安全保障推進法への対応の将来展望 ―――― 271

x

凡　例

　本書は，以下の公表資料を参照し，NRIグループのこれまでの知見を考慮し解説としています。

略称※	正式名称	解釈における参照版	解釈における補足事項
法	経済施策を一体的に講ずることによる安全保障の確保の推進に関する法律 https://elaws.e-gov.go.jp/document?lawid=504AC0000000043	2023/11/17施行	
政令	経済施策を一体的に講ずることによる安全保障の確保の推進に関する法律施行令 https://elaws.e-gov.go.jp/document?lawid=504CO0000000394	2023/11/17施行	
府令	経済施策を一体的に講ずることによる安全保障の確保の推進に関する法律に基づく特定社会基盤事業者の指定等に関する内閣府令 https://elaws.e-gov.go.jp/document?lawid=505M60000002061	2023/11/17施行	導入等計画書などの様式を含む ⇒制度開始に向けたリスク管理措置の確定版
基本指針	特定妨害行為の防止による特定社会基盤役務の安定的な提供の確保に関する基本指針（閣議決定） https://www.cao.go.jp/keizai_anzen_hosho/suishinhou/doc/kihonshishin2.pdf	2023/4/28閣議決定	リスク管理措置の基本指針 （基本指針①〜⑨について など）
共通解説	経済安全保障推進法の特定社会基盤役務の安定的な提供の確保に関する制度の解説（内閣府政策統括官（経済安全保障担当）） https://www.cao.go.jp/keizai_anzen_hosho/suishinhou/infra/doc/infra_kaisetsu.pdf	2024/10/24付	リスク管理措置の解説 （制度の解説，リスク管理措置の項目とその解説）
金融庁QA	金融分野における経済安全保障推進法の特定社会基盤役務の安定的な提供の確保に関する制度の解説 https://www.fsa.go.jp/news/r5/economicsecurity/infra_kaisetsu_financesector.pdf	2024/6/17付	

略称※	正式名称	解釈における参照版	解釈における補足事項
技術的解説	共通解説・金融庁QA （注）「技術的解説」＝共通解説＋金融庁QA	―	
府令パブコメ	「経済施策を一体的に講ずることによる安全保障の確保の推進に関する法律に基づく特定社会基盤事業者の指定等に関する内閣府令（案）」等に対するパブリックコメントの結果等について https://www.fsa.go.jp/news/r5/sonota/20230809/20230809.html	2023/8/9付	金融庁以外のパブコメ結果は，e-GOVを参照 https://public-comment.e-gov.go.jp/servlet/Public
	「経済施策を一体的に講ずることによる安全保障の確保の推進に関する法律に基づく特定社会基盤事業者の指定等に関する内閣府令の一部を改正する内閣府令（案）」等に対するパブリックコメントの結果等について https://www.fsa.go.jp/news/r5/sonota/20231116/20231116.html	2023/11/16付	
制度概要	経済安全保障推進法の特定社会基盤役務の安定的な提供の確保に関する制度について https://www.cao.go.jp/keizai_anzen_hosho/suishinhou/infra/doc/infra_gaiyou.pdf	2024/9/4付	別途，説明会の資料の公表あり https://www.cao.go.jp/keizai_anzen_hosho/doc/infra_setsumeikai.pdf

※略称について：「法」～「技術的解説」の略称は，金融庁資料の記載に基づく（「府令パブコメ」は金融庁資料に記載されているものがありますが，8/9付を指す）。その他は，本解釈における略称の記載。

想定読者

本書は，リスク管理措置の実施主体である特定社会基盤事業者（主に金融機関）と共に，特定重要設備の供給者及び構成設備の供給者の経営者・リスク管理担当者・実務担当者を想定読者としています。

リスク管理措置の各項目は特定社会基盤事業者だけでは対応できず，特定重要設備の供給者や維持管理の委託先の統制レベルアップなくして達成できないため，リスク管理措置ガイドへのニーズは幅広い会社・業種で有しているものと思料しています。

主な想定読者を金融機関及び関連の供給者と想定していますが，他の業界の関係者にとっても参考となるものを目指しています。

【想定読者の範囲】

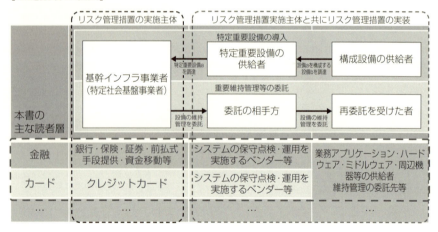

第1章

経済安全保障推進法の概要

1 経済安全保障推進法の背景と目的

　経済安全保障推進法（正式名称：経済施策を一体的に講ずることによる安全保障の確保の推進に関する法律）は，2022年5月11日に公布された法律です。この法律は，国家及び国民の安全を確保しつつ，日本経済の持続的な発展を実現するために制定されました。

　本法は，経済活動と安全保障を一体的に捉え，包括的な対策を講じることを目的としています。具体的には，重要物資の安定供給の確保，基幹インフラの安全性・信頼性の確保，先端技術の開発支援，特許の非公開制度の創設など，幅広い分野にわたる施策を規定しています。

2 法律制定の背景

　経済安全保障推進法が制定された背景には，国内外の情勢変化に加え，自由民主党を中心とした政策検討の経緯があります。

1 自由民主党による政策検討

　自由民主党は2020年6月に「新国際秩序創造戦略本部」を設置し，経済安全保障に関する議論を本格化させました。2020年12月には中間取りまとめを発表し，経済安全保障の重要性と具体的な施策の必要性を指摘しています。

　2021年4月には「経済安全保障対策本部」を設置し，より具体的な政策提言の検討を開始しました。同年5月24日には「経済安全保障の諸施策の実施に向けた緊急提言」を発表し，経済安全保障の全体像として8つの視点を示しました。

- 国家及び国民の安全を確保する
- 基本的価値やルールに基づく国際秩序を維持・強化する
- 国際社会の平和と繁栄にも貢献する

4

- 同盟国・同志国との連携を強化する
- 経済成長の実現と両立させる
- 科学技術の発展を促進する
- 国民の理解と協力を得る
- 政府の推進体制を整備する

さらに，2021年10月26日には「経済安全保障法制の整備に向けた第一次提言」を発表し，具体的な法制化の方向性を示しました。この提言では，以下の4つの柱を中心とした法整備の必要性を訴えています。

- サプライチェーンの強靱化
- 基幹インフラの安全性・信頼性の確保
- 先端的な重要技術の育成
- 特許の非公開化

これらの提言を受けて，政府は経済安全保障推進法案の策定を進めることとなりました。

2　国内外の情勢変化

上記の政策検討の背景には，以下のような国内外の情勢変化がありました。

a）　国際情勢の変化

近年，米中対立の激化や地政学的リスクの増大により，経済活動が安全保障に与える影響が拡大しています。特に，先端技術や重要インフラに関する国家間の競争が激しさを増しており，経済と安全保障の境界が曖昧になっています。

冷戦終結後，経済のグローバル化が進展し，国際協調の機運が高まった時期がありましたが，2010年代以降，大国間の戦略的競争が再び顕在化しています。特に，米中間の技術覇権競争は，単なる経済競争の域を超え，安全保障上の懸念事項となっています。

ｂ） サイバー攻撃の脅威

　重要インフラや企業を標的としたサイバー攻撃が増加し，その手法も高度化・複雑化しています。国家の関与が疑われる組織的なサイバー攻撃も報告されており，経済活動への影響が懸念されています。

　例えば，2021年5月に発生した米国の石油パイプライン大手ColonialPipelineへのランサムウェア攻撃は，米国東海岸の燃料供給に深刻な影響を与え，経済安全保障の重要性を再認識させる事件となりました。日本においても，2015年の日本年金機構における個人情報流出事件や，2022年のトヨタ自動車のサプライヤーへのサイバー攻撃による工場停止など，重大なインシデントが発生しています。

ｃ） サプライチェーンの脆弱性

　新型コロナウイルス感染症のパンデミックや自然災害，国際紛争などにより，グローバルサプライチェーンの脆弱性が露呈しました。重要物資の安定供給確保の必要性が高まっています。

　特に，半導体や医療用品，レアアースなどの戦略物資の供給途絶リスクが顕在化し，経済安全保障の観点からサプライチェーンの見直しが急務となっています。例えば，パンデミック初期における医療用マスクや人工呼吸器の世界的な不足，2021年以降の世界的な半導体不足による自動車生産への影響など，サプライチェーンの脆弱性が経済活動に大きな影響を与えた事例が多数発生しています。

ｄ） 技術流出のリスク

　先端技術の国際的な競争が激化する中，重要な技術情報の流出が国家安全保障上のリスクとなっています。特に，デュアルユース技術（軍民両用技術）の管理が課題となっています。

　人工知能（AI），量子技術，バイオテクノロジーなどの先端技術は，民生利用と軍事利用の境界が曖昧であり，その管理には細心の注意が必要です。近年，

海外の大学や研究機関との共同研究や，外国企業による日本企業の買収などを通じて，意図せざる技術流出が発生するケースが増加しています。

e） 経済的手段による威圧

経済的手段を用いた他国への影響力行使（エコノミック・ステイトクラフト）が国際的に問題視されており，経済安全保障の観点からの対応が求められています。

具体的には，貿易制裁，投資規制，技術移転の強要，サイバー攻撃など，様々な手段を用いて他国に圧力をかける行為が増加しています。例えば，2010年の尖閣諸島周辺での中国漁船衝突事件後の中国によるレアアース輸出規制や，2019年以降の日韓関係悪化に伴う韓国による日本製品の不買運動など，経済的手段を用いた外交圧力の事例が身近に発生しています。

これらの背景を踏まえ，自由民主党の提言を基に，政府は経済安全保障推進法の策定を進め，2022年5月11日に同法が公布されるに至りました。

3 経済安全保障推進法の目的

経済安全保障推進法は，変化する国際環境に対応し，日本の国益を守りつつ持続可能な経済成長を実現するために，以下の目的を掲げています。

a） 国家安全保障の確保と経済安全保障の強化

重要な技術や情報の保護，重要インフラの安定的な運用を通じて，国家の安全を確保することを目指しています。同時に，経済活動と安全保障を両立させ，日本の経済的繁栄と国家安全保障を同時に追求することを目的としています。

この目的は，「戦略的自律性」と「戦略的不可欠性」という2つの概念に基づいています。「戦略的自律性」とは，他国に過度に依存することなく，自国の意思決定と行動の自由を確保することを指します。一方，「戦略的不可欠性」

とは，国際社会において自国の技術や製品が不可欠となることで，影響力を維持・強化することを意味します。

　具体的には，サイバーセキュリティの強化，重要技術の流出防止，重要インフラの防護などが重要な施策となります。また，経済情報の収集・分析能力の向上や，経済安全保障に関する政府内の体制強化も目指されています。

b）　技術優位性の維持・強化

　先端技術の研究開発を促進し，国際競争力を維持・向上させることを目的としています。特に，安全保障上重要な技術分野での日本の優位性を確保することを重視しています。

　具体的には，AI，量子技術，宇宙技術，サイバーセキュリティ，バイオテクノロジーなどの分野が重点領域として想定されています。これらの分野での研究開発を国家として支援し，民間企業や研究機関の取り組みを後押しすることで，日本の技術的優位性を確保することを目指しています。

c）　サプライチェーンの強靱化

　重要物資の安定供給を確保し，経済活動の継続性を担保することを目的としています。国内生産能力の強化や供給源の多様化などを通じて，サプライチェーンのレジリエンスを高めます。

　具体的には，半導体，医療用品，レアアースなどの戦略物資について，供給途絶リスクの評価，国内生産能力の強化，代替調達先の確保，戦略的備蓄の推進などの施策が検討されています。

d）　官民連携の促進

　政府と民間セクターの協力を強化し，効果的な経済安全保障施策を実現することを目的としています。ここで重要なのは，経済安全保障においては「企業」（民）が主体的な役割を担うという認識です。国家安全保障が主に「国家」（官）の役割であるのに対し，経済安全保障では民間企業の活動が中心となります。

8

　政府は，民間企業の知見や技術力を活用しつつ，適切な支援や規制を提供することで，総合的な経済安全保障体制の構築を目指しています。具体的には，官民での情報共有体制の構築，民間企業の経済安全保障への取り組みに対する支援，官民共同での研究開発プロジェクトの推進などが想定されています。

e）　国際協調の推進

　経済安全保障推進法は，同盟国や価値観を共有する国々との連携を強化し，国際的な経済安全保障の枠組み作りに貢献することを目的としています。日本は，世界で経済安全保障を包括的に法制度化した先駆的な国として，国際的に注目されています。この立場を活かし，先端技術の管理や重要インフラの保護に関する国際的な規範形成に積極的に関与することを重視しています。

　日本の地理的・歴史的な特性を活かした国際協調の推進も重要な目的です。特に，中国との関わりにおいて，日本は長く歴史的・文化的つながりを持ち，その複雑な関係性を熟知している国としての独自の立ち位置があります。この知見を活かし，対立だけでなく，建設的な対話と協力の可能性を探りつつ，バランスの取れた経済安全保障政策を推進することが期待されています。

　具体的な国際協調の取り組みとしては，以下のようなものが想定されています。

- 日米同盟を基軸とした協力関係の強化
- クアッド（日米豪印）やファイブ・アイズ（5ヵ国情報同盟）などの枠組みを活用した多国間協力の推進
- 経済安全保障に関する二国間・多国間の対話や協力メカニズムの構築
- 国際的な技術標準の策定への積極的な参画

　経済安全保障を法制度化することで，日本はファイブ・アイズやクアッドなどの枠組みにおいて，同盟国・同志国とより深いレベルでのインテリジェンス共有が可能になります。これにより，経済安全保障に関する脅威情報や対策の共有が促進され，国際的な経済安全保障の強化に貢献することが期待されます。

第1章　経済安全保障推進法の概要　**9**

　さらに，経済安全保障推進法は，日本の外交・安全保障政策の主要なキーワードである「自由で開かれたインド太平洋」構想や「法の支配に基づく自由で開かれた国際秩序の維持」と密接に関連しています。経済安全保障の強化は，これらの理念を実現するための具体的な手段の1つとして位置づけられています。

　例えば，サプライチェーンの強靭化や技術優位性の維持は，インド太平洋地域における経済的な相互依存関係を健全な形で発展させることに寄与します。また，国際的な経済安全保障の枠組み作りに積極的に関与することで，法の支配に基づく公正な国際経済秩序の形成を促進します。

　このように，経済安全保障推進法に基づく国際協調の推進は，日本の国益を守りつつ，同時に国際社会の平和と繁栄に貢献することを目指しています。日本の独自の立場と経験を活かしながら，同盟国・同志国との協力を深め，「自由で開かれたインド太平洋」の実現と「法の支配に基づく自由で開かれた国際秩序の維持」に向けて，経済安全保障の側面から積極的に貢献していくことが期待されています。

　現状の経済安全保障推進法は，主に「守り」の側面に重点を置いていますが，今後は「攻め」の側面も強化していく必要があります。エコノミック・ステイトクラフト（経済的手段を用いた他国への影響力行使）の観点から，日本の経済力や技術力を積極的に活用し，国際社会における影響力を高めていくことも重要です。

　ただし，過度に攻撃的な姿勢は国際関係を悪化させる可能性があるため，「守り」と「攻め」のバランスを慎重に取りながら，日本の国益を最大化する戦略を追求していく必要があります。

　結論として，経済安全保障推進法は，変化する国際環境の中で日本の国益を守りつつ，持続可能な経済成長を実現するための法的基盤を提供することを目指しています。同時に，この法律は日本の安全保障政策の新たな方向性を示すものであり，経済と安全保障の一体的な推進という考え方を明確に打ち出して

います。今後は，官民の適切な役割分担と協力のもと，「戦略的自律性」と「戦略的不可欠性」を高めつつ，国際協調を推進していくことが求められます。

4　経済安全保障推進法の4つの施策

　経済安全保障推進法は，日本の経済安全保障を強化するために，以下の4つの重要施策を柱としています。

【経済安全保障推進法の4つの施策（内閣府概要より抜粋して作成）】

重要物資の安定的な供給の確保に関する制度
国民の生存や，国民生活・経済活動に甚大な影響のある物資の安定供給の確保を図るため，特定重要物資の指定，民間事業者の計画の認定・支援措置，特別の対策としての政府による取組等を措置。
基幹インフラ役務の安定的な提供の確保に関する制度
基幹インフラの重要設備が我が国の外部から行われる役務の安定的な提供を妨害する行為の手段として使用されることを防止するため，重要設備の導入・維持管理等の委託の事前審査，勧告・命令等を措置。
先端的な重要技術の開発支援に関する制度
先端的な重要技術の研究開発の促進とその成果の適切な活用のため，資金支援，官民伴走支援のための協議会設置，調査研究業務の委託（シンクタンク）等を措置。
特許出願の非公開に関する制度
安全保障上機微な発明の特許出願につき，公開や流出を防止するとともに，安全保障を損なわずに特許法上の権利を得られるようにするため，保全指定をして公開を留保する仕組みや，外国出願制限等を措置。

　これらの施策は，それぞれが独立したものではなく，相互に関連し合いながら，総合的に日本の経済安全保障を強化することを目指しています。

　以下，各施策について解説します。

1　重要物資の安定的な供給の確保

　この施策は，国民の生存や国民生活，経済活動に甚大な影響を及ぼす重要物

資（特定重要物資）の安定的な供給を確保することを目的としています。

　新型コロナウイルス感染症のパンデミックや，米中貿易摩擦，ウクライナ危機などの国際情勢の変化により，グローバルサプライチェーンの脆弱性が露呈しました。特に，半導体や医療用品，レアアースなどの戦略物資の供給途絶リスクが顕在化し，経済安全保障の観点からサプライチェーンの見直しが急務となっています。

a）　特定重要物資の指定

　政府が，安全保障上重要で，供給途絶リスクの高い物資を「特定重要物資」として指定します。具体的には，半導体，医療用品，レアアース，蓄電池用材料などが想定されています。

b）　民間事業者による供給確保計画の策定支援

　特定重要物資の供給に関わる民間事業者に対して，政府が供給確保計画の策定を支援します。この計画には，生産能力の増強，供給源の多様化，代替材料の開発などが含まれます。

c）　供給源の多様化

　特定の国や地域への依存度を下げるため，供給源の多様化を推進します。これには，国内生産の強化，友好国との協力関係の構築，新たな調達先の開拓などが含まれます。

d）　備蓄の推進

　特定重要物資の国家備蓄や，民間企業による戦略的な在庫確保を支援します。これにより，短期的な供給途絶リスクに対する耐性を高めます。

e）　生産設備の整備に対する支援

　特定重要物資の国内生産能力を強化するため，民間企業の設備投資に対する

財政的支援や税制優遇措置を講じます。

2　基幹インフラ役務の安定的な提供の確保

　この施策は，国民生活及び経済活動の基盤となる役務（基幹インフラ役務）の安定的な提供を確保することを目的としています。

　国民生活及び経済活動の基盤となるインフラ（基幹インフラ）を標的としたサイバー攻撃の増加や，重要技術の流出リスク，外国資本による基幹インフラの買収など，基幹インフラの安全性と信頼性を脅かす要因が増大しています。特に，電力，通信，金融などの分野では，サービス停止が国民生活や経済活動に甚大な影響を与える可能性があります。

a）　特定社会基盤事業者の指定

　政府が，基幹インフラ分野において特に重要な役割を果たす事業者を「特定社会基盤事業者」として指定します。対象となる分野には，エネルギー，通信，金融，交通，水道などが含まれます。

b）　重要設備の導入・維持管理等に関する事前審査制度の導入

　特定社会基盤事業者が重要設備を導入する際や，重要な維持管理業務を委託する際には，事前に計画を届け出て，政府の審査を受けることが義務づけられます。審査では，安全保障上のリスクが評価されます。

c）　サイバーセキュリティ対策の強化

　特定社会基盤事業者に対して，高度なサイバーセキュリティ対策の実施が求められます。これには，最新の脅威情報の共有，脆弱性診断の実施，インシデント対応計画の策定などが含まれます。

d）　外資規制の強化

　基幹インフラ分野における外国資本の出資や，重要な技術や情報へのアクセ

第1章　経済安全保障推進法の概要　**13**

スに対する規制が強化されます。

e）　情報の適切な管理

　特定社会基盤事業者は，重要設備や重要維持管理等に関する機密情報を適切に管理するための措置を講じる必要があります。

3　先端的な重要技術の開発支援

　この施策は，経済安全保障の観点から特に重要な先端技術の研究開発を促進することを目的としています。

　先端技術の国際的な競争が激化する中，重要な技術の開発・保護が国家の競争力と安全保障に直結する課題となっています。特に，AI，量子技術，バイオテクノロジーなどの分野では，民生利用と軍事利用の境界が曖昧なデュアルユース技術が増加しており，その管理と開発支援が重要となっています。

a）　特定重要技術の指定

　政府が，経済安全保障上特に重要な技術分野を「特定重要技術」として指定します。具体的には，AI，量子技術，宇宙技術，先端半導体技術などが想定されています。

b）　官民連携による研究開発の推進

　特定重要技術の研究開発を促進するため，政府が民間企業や研究機関と連携して大規模な研究開発プロジェクトを推進します。これには，資金提供，研究施設の整備，人材育成などの支援が含まれます。

c）　研究開発の成果の適切な管理

　特定重要技術の研究開発成果について，適切な情報管理と技術流出防止措置が求められます。これには，アクセス制限，暗号化，従業員教育などが含まれます。

d） 国際共同研究の推進と管理

同盟国や友好国との国際共同研究を推進する一方で，機微な技術情報の管理を徹底します。また，懸念国との共同研究については，リスク評価と適切な管理が求められます。

e） 技術的優位性の確保

特定重要技術の開発を通じて，日本の技術的優位性を確保し，国際競争力を強化します。同時に，これらの技術を活用した新産業の創出も目指します。

4　特許出願の非公開

この施策は，安全保障上重要な発明の特許出願に関する情報の保全を図ることを目的としています。

従来の特許制度では，出願から1年6ヶ月後に全ての特許出願が公開されることになっていました。しかし，安全保障上重要な技術情報が公開されることで，潜在的な脅威国がその情報を利用する可能性があるという懸念が指摘されていました。

a） 非公開特許の指定

政府が，安全保障上重要と判断した発明について，特許出願を非公開とすることができる制度を創設します。対象となる技術分野や具体的な基準については，今後詳細が定められる予定です。

b） 審査プロセス

非公開とされた特許出願については，特別な審査プロセスが適用されます。審査官は秘密保持義務を負い，厳格な情報管理の下で審査を行います。

c） 権利保護と補償

非公開特許の発明者の権利を保護するため，適切な補償金制度が設けられま

第1章　経済安全保障推進法の概要　**15**

す。また，非公開期間中も特許権の存続期間は進行し，権利者の不利益を最小限に抑える措置が講じられます。

d）　情報管理

非公開特許に関する情報は，厳重に管理されます。アクセス権限の制限，暗号化，物理的なセキュリティ措置などが講じられます。

e）　国際協調

同盟国との間で，非公開特許に関する情報共有や相互認証の仕組みを構築することが検討されています。

5 基幹インフラ役務の安定的な提供の確保に関する制度の概要

本節では，経済安全保障推進法の4つの柱の1つである「基幹インフラ役務の安定的な提供の確保に関する制度」についてさらに詳細に解説します。

「基幹インフラ役務の安定的な提供の確保に関する制度」は，国民生活及び経済活動の基盤となる重要なインフラサービスの安定的な提供を確保することを目的としています。

この制度は，急速に変化する国際情勢や技術環境の中で，日本の重要インフラを守り，その機能を維持するための包括的な枠組みを提供するものです。

1　制度の背景と目的

近年，重要インフラを標的としたサイバー攻撃の増加，重要技術の流出リスク，外国資本による重要インフラの買収など，基幹インフラの安全性と信頼性を脅かす要因が増大しています。特に，電力，通信，金融などの分野では，サービス停止が国民生活や経済活動に甚大な影響を与える可能性があります。

この制度の主な目的は以下のとおりです。

● 基幹インフラの安全性・信頼性の確保

● サイバーセキュリティの強化

● 重要技術・情報の保護

● 外国の影響力行使への対応

● 安定的なサービス提供の確保

2 対象となる基幹インフラ分野

本制度が対象とする基幹インフラ分野は以下の15分野です。

① 電気事業

② ガス事業

③ 石油事業

④ 水道事業

⑤ 鉄道事業

⑥ 貨物自動車運送事業

⑦ 外航海運業

⑧ 港湾運送

⑨ 航空運送事業

⑩ 空港業

⑪ 電気通信事業

⑫ 放送事業

⑬ 郵便事業

⑭ 金融事業

⑮ クレジットカード事業

これらの分野は，国民生活と経済活動の基盤を支える重要な役割を果たしており，その機能停止や大規模な障害は社会全体に深刻な影響を及ぼす可能性があります。

※2024年5月17日，港湾運送分野を追加する改正法が公布。公布日から起算して1年6月を超えない範囲内において政令で定める日から施行。

3　特定社会基盤事業者の指定

　本制度の中核となるのが「特定社会基盤事業者」の指定です。各分野において，特に重要な役割を果たす事業者を「特定社会基盤事業者」として主務大臣が指定します。

　指定の基準は以下のとおりです。

- 当該事業者が提供するサービスの重要性
- サービス提供範囲の広さ
- 他の事業者や分野への影響度
- 代替可能性の低さ

　指定された事業者は，重要設備の導入や重要維持管理等の委託に関して，事前に計画を届け出る義務を負います。

4　重要設備の導入等に係る事前審査制度

　特定社会基盤事業者が重要設備を導入する際や，重要維持管理等を委託する際には，以下のプロセスを経る必要があります。

a）　導入等計画書の作成と提出

　事業者は，設備の導入や委託に関する計画書を作成し，主務大臣に提出します。

　計画書には以下の内容が含まれます。

- 導入する設備や委託する業務の詳細
- 設備のサプライヤーや委託先の情報
- セキュリティ対策の内容
- リスク評価結果

b） 審査

　主務大臣は，提出された計画書について，安全保障上の観点から審査を行います。

　審査では以下の点が重点的に確認されます。

- 設備や委託先の安全性・信頼性
- サイバーセキュリティ対策の十分性
- 情報管理体制の適切性
- 外国の影響力行使のリスク

c） 勧告・命令

　審査の結果，安全保障上の支障があると認められる場合，主務大臣は計画の変更等を勧告又は命令することができます。

　勧告・命令の内容には以下のようなものが含まれます。

- 特定の設備や委託先の変更
- セキュリティ対策の強化
- 情報管理体制の改善

d） 計画の実施

　審査を通過した計画は実施に移されます。事業者は，計画に基づいて設備の導入や業務の委託を行います。

e） フォローアップ

　計画実施後も，主務大臣は必要に応じて報告を求めたり，立入検査を行ったりすることができます。

5　リスク管理措置

　特定社会基盤事業者は，重要設備の導入や重要維持管理等の委託に関して，以下のようなリスク管理措置を講じることが求められます。

第1章　経済安全保障推進法の概要　**19**

　なお，リスク管理措置への対応については，リスクベースアプローチが求められます（以下，内閣府，基本指針より引用）。

（特定重要設備の導入に係るリスク管理措置）

①　特定重要設備及び構成設備の供給者における製造等の過程で，特定重要設備及び構成設備に不正な変更が加えられることを防止するために必要な管理がなされ，当該管理がなされていることを特定社会基盤事業者が確認できることを契約等により担保している。

②　特定重要設備又は構成設備について，将来的に保守・点検等が必要となることが見込まれる場合に，当該保守・点検等を行うことができる者が特定重要設備又は構成設備の供給者に限られるかどうか等の実態も踏まえ，供給者を選定している。

③　特定重要設備及び構成設備について，不正な妨害が行われる兆候を把握可能な体制がとられており，不正な妨害が加えられた場合であっても，冗長性が確保されているなど，役務の提供に支障を及ぼさない構成となっている。

（重要維持管理等の委託に係るリスク管理措置）

④　委託された重要維持管理等の実施に当たり，委託（再委託（再委託された重要維持管理等の全部又は一部が更に委託されるものを含む。以下同じ。）を含む。）を受けた者（その従業員等を含む。）によって，特定重要設備について特定社会基盤事業者が意図しない変更が加えられることを防止するために必要な管理等がなされ，その管理等に関する事項を特定社会基盤事業者が確認できることを契約等により担保している。

⑤　重要維持管理等の再委託が行われる場合においては，再委託を受けた者のサイバーセキュリティ対策の実施状況を確認するために必要な情報が，再委託を行った者を通じて特定社会基盤事業者に提供され，また，再委託を行うことについてあらかじめ特定社会基盤事業者の承認を受けることが契約等により担保されている。

⑥　特定社会基盤事業者が，委託の相手方が契約に反して重要維持管理等の役務の提供を中断又は停止するおそれがないかを確認している。

（管理体制の確認のために必要なリスク管理措置）

⑦　特定社会基盤事業者が，特定重要設備及び構成設備の供給者や委託（再委託を含む。）の相手方について，過去の実績を含め，我が国の法令や国際的に受け入れられた基準等の遵守状況を確認している。

⑧　特定社会基盤事業者が，特定重要設備及び構成設備の供給や委託（再委託を含む。）した重要維持管理等の適切性について，外国の法的環境等により影響を受けるものではないことを確認している。

⑨　特定社会基盤事業者が，特定重要設備及び構成設備の供給者や委託（再委託を含む。）の相手方に関して，我が国の外部からの影響を判断するに資する情報の提供が受けられることを契約等により担保している。また，契約締結後も当該情報について変更があった場合に，適時に情報提供を受けられることを契約等により担保している。

リスク管理措置については，第3章以降でさらに詳細に解説します。

6　報告義務と立入検査

　主務大臣は，必要に応じて特定社会基盤事業者に対して報告を求めたり，立入検査を行ったりすることができます。これにより，制度の実効性を確保し，継続的な改善を促します。

a）　定期報告

● 年次セキュリティレポートの提出
● リスク評価結果の報告

b） 臨時報告

● 重大インシデント発生時の即時報告

● 新たな脅威や脆弱性の発見時の報告

c） 立入検査

● 現地でのセキュリティ対策の確認

● システムやログの検査

6 罰則規定

法令違反に対しては，罰金等の罰則が設けられています。これにより，制度の遵守を担保し，基幹インフラの安定的な提供を確保します。

主な罰則は以下のとおりです。

● 虚偽の届出等：2年以下の懲役若しくは100万円以下の罰金

● 報告義務違反，立入検査の拒否等：30万円以下の罰金

第 2 章

金融セクターにおける
経済安全保障推進法・
基幹インフラ制度の解説

第2章　金融セクターにおける経済安全保障推進法・基幹インフラ制度の解説　**25**

1 　金融セクターにおける基幹インフラ役務の位置づけ

　金融セクターは以下の理由から，国家の経済安全保障において極めて重要な位置を占めています。

a）　決済システムの維持

　日々の経済活動を支える決済機能の安定的な提供は，経済の円滑な運営に不可欠です。個人や企業の金融取引，国際送金，証券決済など，様々な決済システムが常時稼働していることで，経済活動が滞りなく行われています。

b）　資金仲介機能

　銀行等の金融機関は，預金者から集めた資金を企業や個人に融資することで，経済成長を促進する重要な役割を果たしています。この機能が停止すると，企業の資金調達や個人の住宅ローンなどに深刻な影響が生じる可能性があります。

c）　資産管理

　個人や法人の資産を安全に管理・運用する機能は，国民の財産を守り，将来の経済的安定を支える上で重要です。年金資金や投資信託など，大規模な資産運用も金融セクターの重要な役割です。

d）　金融市場の運営

　証券取引所等を通じた資本市場の機能維持は，企業の資金調達や投資家の資産運用において不可欠です。また，為替市場や債券市場など，様々な金融市場の安定的な運営も経済活動に大きな影響を与えます。

e）　リスク管理

　保険等を通じた社会全体のリスク分散機能は，個人や企業の経済活動を支え

る重要な役割を果たしています。自然災害や事故，健康リスクなどに対する保障を提供することで，社会の安定に寄与しています。

f ）　金融政策の実行

中央銀行による金融政策の実行は，金融システムを通じて行われます。金融政策の効果的な実施には，安定した金融システムが不可欠です。

g ）　マネー・ロンダリング対策

金融機関は，マネー・ロンダリングやテロ資金供与の防止において重要な役割を果たしています。これは国家安全保障にも直結する重要な機能です。

2　特定社会基盤事業者として指定された金融機関

経済安全保障推進法における基幹インフラ制度では，基幹インフラ分野の1つとして金融セクターが指定されています。金融セクターにおいて，金融事業の分類ごとに指定基準が定められ，それに基づいて，特定社会基盤事業者として金融機関が指定されています。ここでは，金融機関の分類ごとの指定基準，そして実際に指定された金融機関について詳細に解説します。

1　特定社会基盤事業者の指定基準

金融分野における特定社会基盤事業者の指定は，以下のような基準に基づいて行われていると考えられます。

a ）　取引規模や顧客数
- 預金残高や貸出残高の規模
- 運用資産の規模
- 顧客数や口座数

b）　システムの重要性
- 他の金融機関との相互依存性
- 決済システムへの関与度
- システム障害時の影響範囲

c）　提供するサービスの代替可能性
- サービスの独自性
- 代替サービスの有無
- サービス停止時の影響度

d）　国民経済への影響度
- GDP寄与度
- 雇用への影響
- 他産業への波及効果

e）　国際的な重要性
- グローバル金融システムへの影響度
- 国際決済における役割

f）　セキュリティリスクの高さ
- サイバー攻撃の標的となる可能性
- 保有する機密情報の重要性

2　特定社会基盤事業者として指定された金融機関

　具体的な特定社会基盤事業者の指定基準は，各金融事業（分類）で省令によって定められています。金融事業の分類（金融機関の事業分類）と指定基準に基づいて特定社会基盤事業者として指定された金融機関は下記のとおりです（原稿執筆，2024年9月時点）。

【金融事業の分類・指定基準・指定された金融機関（2024年9月時点）】

No	金融事業の分類	特定社会基盤事業者の指定基準	特定社会基盤事業者として指定された金融機関
1	銀行 【都市銀行，地方銀行，ネット銀行等】	銀行業を営む者のうち次の基準に該当する者 ・預金残高：10兆円以上又は ・口座数：1,000万口座以上又は ・ATM台数：1万台以上	株式会社みずほ銀行 株式会社三井住友銀行 株式会社三菱UFJ銀行 株式会社りそな銀行 三井住友信託銀行株式会社 三菱UFJ信託銀行株式会社 株式会社セブン銀行 楽天銀行株式会社 株式会社ローソン銀行 株式会社ゆうちょ銀行 株式会社常陽銀行 株式会社千葉銀行 株式会社横浜銀行 株式会社静岡銀行 株式会社福岡銀行 株式会社北洋銀行 株式会社埼玉りそな銀行
2	系統中央機関 【信用金庫，信用組合等】	信用金庫法，中小企業等協同組合法，労働金庫法，農林中央金庫法に基づき，系統中央機関の業務（預金の受入れ，資金の貸付け，為替取引）を行う者（系統中央機関全者を指定）	信金中央金庫 労働金庫連合会 全国信用協同組合連合会 農林中央金庫
3	資金移動業者 【モバイル決済事業者等】	資金移動業を営む者のうち次の基準に該当するもの ・利用者数：1,000万人以上かつ ・年間取扱額：4,000億円以上	株式会社メルペイ PayPay株式会社
4	保険会社 【生命保険会社，損害保険会社】	保険業を行う者のうち次の基準に該当するもの 【生命保険業免許を受けた者】	アフラック生命保険株式会社 株式会社かんぽ生命保険 住友生命保険相互会社

第2章　金融セクターにおける経済安全保障推進法・基幹インフラ制度の解説　**29**

No	金融事業の分類	特定社会基盤事業者の指定基準	特定社会基盤事業者として指定された金融機関
		・保険金等支払金（再保険料を除く）：1兆円以上又は ・契約件数：2,000万件以上 【損害保険業免許を受けた者】 ・元受正味保険金：1兆円以上又は ・契約件数：2,000万件以上	第一生命保険株式会社 日本生命保険相互会社 明治安田生命保険相互会社 あいおいニッセイ同和損害保険株式会社 損害保険ジャパン株式会社 東京海上日動火災保険株式会社 三井住友海上火災保険株式会社
5	取引所 【株式取引所，商品取引所等】	取引所金融商品市場の開設の業務を行う事業を行う者（その開設する有価証券の売買を行う取引所金融商品市場において，有価証券の総売買代金が75兆円未満であるものを除く）	株式会社東京証券取引所 株式会社大阪取引所 株式会社東京金融取引所
6	金融商品取引清算機関	・金融商品取引法第156条の2の免許又は ・第156条の19第1項の承認を受けた者 （免許・承認を受けた者全者を指定）	株式会社日本証券クリアリング機構 株式会社ほふりクリアリング機構 株式会社東京金融取引所
7	証券会社 【大手証券会社，ネット証券等】	第一種金融商品取引業を行う者のうち次の基準に該当するもの ・預り資産残高：30兆円以上又は ・口座数：500万口座以上	株式会社SBI証券 みずほ証券株式会社 大和証券株式会社 野村證券株式会社 楽天証券株式会社 SMBC日興証券株式会社 三菱UFJモルガン・スタンレー証券株式会社
8	信託業者	信託業を営む者のうち信託財産額（再信託等した額を除く）が300兆円以上であるもの	株式会社日本カストディ銀行 日本マスタートラスト信託銀行株式会社

No	金融事業の分類	特定社会基盤事業者の指定基準	特定社会基盤事業者として指定された金融機関
9	資金清算機関	資金決済に関する法律第64条第1項の免許を受けた者	一般社団法人全国銀行資金決済ネットワーク
10	前払式支払手段（第三者型）発行者【電子マネー事業者等】	第三者型前払式支払手段の発行の業務を行う事業を行う者のうち次の基準に該当するもの ・年間発行額：1兆円以上かつ ・その発行する第三者型前払式支払手段を使用することができる加盟店の数が1万店以上	イオンリテール株式会社 東日本旅客鉄道株式会社 株式会社セブン・カードサービス PayPay株式会社
11	預金保険機関	・預金保険法第34条に基づき事業を行う者 ・農水産業協同組合貯金保険法第34条に規定する業務を行う事業 ・農水産業協同組合貯金保険法第34条に基づき事業を行う者 （当該事業を行う者全者を指定）	預金保険機構 農水産業協同組合貯金保険機構
12	振替機関	社債，株式等の振替に関する法律第3条第1項の指定を受けた者	株式会社証券保管振替機構
13	電子債権記録機関	電子記録債権法第51条第1項の指定を受けた者 （電子記録債権の残高が1兆円未満である者を除く）	日本電子債権機構株式会社 みずほ電子債権記録株式会社 株式会社全銀電子債権ネットワーク

3 金融セクターにおける重要設備

　金融分野においては，特定社会基盤事業者が使用する情報処理システムのうち，特定社会基盤役務（サービス）の安定的な提供に当たって重要なもので，外国からのサイバー攻撃等によりそのサービスの安定的な提供が危惧されるものを**特定重要設備**といいます。特定社会基盤役務の安定的な提供とは，以下の3つのポイントで判断します。

- その機能が停止又は低下すると，役務の提供ができない事態を生じ得る設備
- その機能が停止又は低下すると，役務の提供は停止しないが，役務が備えるべき品質・機能等が喪失又は低下した状態を生じ得る設備
- その機能が停止又は低下すると，役務の提供を直接阻害するものではないが，安定的な提供の継続を阻害し得る設備（機能の停止又は低下により，例えば，障害の発生の検知が不可能となる事態が生じ得る設備）

　特定重要設備はいくつかの設備（ハードウェア，ソフトウェア等の部品）で構成されていることを想定しており，これを**構成設備**といいます。特定重要設備を構成する全ての設備が対象ではなく，特定社会基盤事業の運営のために特に必要なもので，外国からのサイバー攻撃等の対象として利用されるリスクがあるものを構成設備といいます。金融分野では，「業務アプリケーション」「ミドルウェア」「オペレーティングシステム」「サーバー」「その他設備，機器，装置又はプログラム」といった粒度で整理します。

【特定社会基盤事業者における特定重要設備の対象範囲】

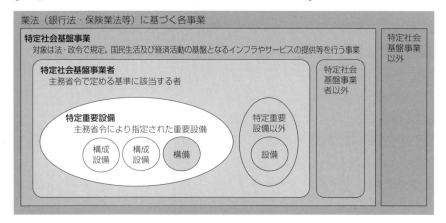

【特定重要設備における構成設備の対象範囲】

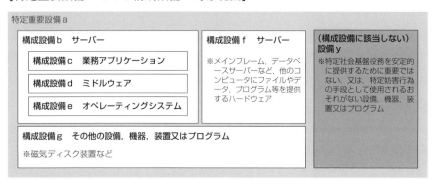

　特定重要設備，構成設備の対象については，以降で詳述するように金融庁から事業ごとに具体的な例示がなされています。これを参考に各事業者ごとに特定重要設備と構成設備の洗い出しを行い，最終的には特定社会基盤事業者が対象を判断することになります。

第2章　金融セクターにおける経済安全保障推進法・基幹インフラ制度の解説　**33**

1　銀行

a）　特定重要設備

- 預金取引，貸付け，為替取引の勘定処理を行うシステム
- ATMに関する事業者指定基準を満たすことにより指定された特定社会基盤事業者については，ATM取引業務を処理するシステム
- 上記の情報処理システムを稼働させる情報処理システム

　—特定重要設備であるシステムと他の業務処理システム（特定重要設備ではないシステムを含む）でハードウェアを共有する機能を有するシステム

　—特定重要設備の操作のために使用するシステム（監視機能のみを有するシステムは除く）

　—複数のシステム間（システムが全て特定重要設備である場合に限る）を連携する機能を有するシステム

　など

b）　構成設備

- 預金取引，貸付け，為替取引に係る勘定処理を行う機能を有する業務アプリケーション
- ATMに関する事業者指定基準を満たすことにより指定された特定社会基盤事業者については，ATM取引業務を処理する機能を有する業務アプリケーション
- 上記アプリケーションに係るオペレーティングシステム，ミドルウェア，サーバー，顧客資産情報を保管する設備等
- 非業務処理システムに係るオペレーティングシステム，ミドルウェア，サーバー

2　系統中央機関

a）　特定重要設備

- 預金取引，貸付け，為替取引の勘定処理を行うシステム

- ATMに関する事業者指定基準を満たすことにより指定された特定社会基盤事業者については，ATM取引業務を処理するシステム
- 上記の情報処理システムを稼働させる情報処理システム
  - ─特定重要設備であるシステムと他の業務処理システム（特定重要設備ではないシステムを含む）でハードウェアを共有する機能を有するシステム
  - ─特定重要設備の操作のために使用するシステム（監視機能のみを有するシステムは除く）
  - ─複数のシステム間（システムが全て特定重要設備である場合に限る）を連携する機能を有するシステム
  - など

b）　構成設備

- 預金取引，貸付け，為替取引に係る勘定処理を行う機能を有する業務アプリケーション
- ATMに関する事業者指定基準を満たすことにより指定された特定社会基盤事業者については，ATM取引業務を処理する機能を有する業務アプリケーション
- 上記アプリケーションに係るオペレーティングシステム，ミドルウェア，サーバー，顧客資産情報を保管する設備等
- 非業務処理システムに係るオペレーティングシステム，ミドルウェア，サーバー

3　資金移動業者
a）　特定重要設備

- 為替取引システム
- 上記の情報処理システムを稼働させる情報処理システム
  - ─特定重要設備であるシステムと他の業務処理システム（特定重要設備ではないシステムを含む）でハードウェアを共有する機能を有するシステム

第 2 章　金融セクターにおける経済安全保障推進法・基幹インフラ制度の解説　**35**

　　―特定重要設備の操作のために使用するシステム（監視機能のみを有するシステムは除く）

　　―複数のシステム間（システムが全て特定重要設備である場合に限る）を連携する機能を有するシステム

　　など

b）　構成設備

● 為替取引システムに係る中核的な情報処理を行う機能を有する業務アプリケーション

● 上記アプリケーションに係るオペレーティングシステム，ミドルウェア，サーバー，顧客資産情報を保管する設備等

● 非業務処理システムに係るオペレーティングシステム，ミドルウェア，サーバー

4　保険会社

a）　特定重要設備

● 保険金支払システム（査定など工程管理をするシステム及び契約情報を保有するシステム）

● 上記の情報処理システムを稼働させる情報処理システム

　　―特定重要設備であるシステムと他の業務処理システム（特定重要設備ではないシステムを含む）でハードウェアを共有する機能を有するシステム

　　―特定重要設備の操作のために使用するシステム（監視機能のみを有するシステムは除く）

　　―複数のシステム間（システムが全て特定重要設備である場合に限る）を連携する機能を有するシステム

　　など

b） 構成設備

● 保険金支払システム（査定など工程管理をするシステム及び契約情報を保有するシステム）に係る中核的な情報処理を行う機能を有する業務アプリケーション

● 上記アプリケーションに係るオペレーティングシステム，ミドルウェア，サーバー，顧客資産情報を保管する設備等

● 非業務処理システムに係るオペレーティングシステム，ミドルウェア，サーバー

5　取引所

a） 特定重要設備

● 売買システム

● 上記の情報処理システムを稼働させる情報処理システム

　―特定重要設備であるシステムと他の業務処理システム（特定重要設備ではないシステムを含む）でハードウェアを共有する機能を有するシステム

　―特定重要設備の操作のために使用するシステム（監視機能のみを有するシステムは除く）

　―複数のシステム間（システムが全て特定重要設備である場合に限る）を連携する機能を有するシステム

　など

b） 構成設備

● 売買システムに係る中核的な情報処理を行う機能を有する業務アプリケーション

● 上記アプリケーションに係るオペレーティングシステム，ミドルウェア，サーバー，顧客資産情報を保管する設備等

● 非業務処理システムに係るオペレーティングシステム，ミドルウェア，サーバー

第2章　金融セクターにおける経済安全保障推進法・基幹インフラ制度の解説　**37**

6　金融商品取引清算機関

a）　特定重要設備

- 清算システム
- 上記の情報処理システムを稼働させる情報処理システム
  - ―特定重要設備であるシステムと他の業務処理システム（特定重要設備ではないシステムを含む）でハードウェアを共有する機能を有するシステム
  - ―特定重要設備の操作のために使用するシステム（監視機能のみを有するシステムは除く）
  - ―複数のシステム間（システムが全て特定重要設備である場合に限る）を連携する機能を有するシステム
  - など

b）　構成設備

- 清算システムに係る中核的な情報処理を行う機能を有する業務アプリケーション
- 上記アプリケーションに係るオペレーティングシステム，ミドルウェア，サーバー，顧客資産情報を保管する設備等
- 非業務処理システムに係るオペレーティングシステム，ミドルウェア，サーバー

7　証券会社

a）　特定重要設備

- 注文データの管理，口座管理，約定管理，残高管理，清算・決済を処理しているシステム
- 上記の情報処理システムを稼働させる情報処理システム
  - ―特定重要設備であるシステムと他の業務処理システム（特定重要設備ではないシステムを含む）でハードウェアを共有する機能を有するシステム
  - ―特定重要設備の操作のために使用するシステム（監視機能のみを有するシ

ステムは除く）

―複数のシステム間（システムが全て特定重要設備である場合に限る）を連携する機能を有するシステム

など

b）　構成設備

- 注文データの管理，口座管理，約定管理，残高管理，清算・決済を処理しているシステムに係る中核的な情報処理を行う機能を有する業務アプリケーション
- 上記アプリケーションに係るオペレーティングシステム，ミドルウェア，サーバー，顧客資産情報を保管する設備等
- 非業務処理システムに係るオペレーティングシステム，ミドルウェア，サーバー

8　信託業者

a）　特定重要設備

- 財産管理システム
- 上記の情報処理システムを稼働させる情報処理システム

　　―特定重要設備であるシステムと他の業務処理システム（特定重要設備ではないシステムを含む）でハードウェアを共有する機能を有するシステム

　　―特定重要設備の操作のために使用するシステム（監視機能のみを有するシステムは除く）

　　―複数のシステム間（システムが全て特定重要設備である場合に限る）を連携する機能を有するシステム

　　など

b）　構成設備

- 財産管理システムに係る中核的な情報処理を行う機能を有する業務アプリ

ケーション

● 上記アプリケーションに係るオペレーティングシステム，ミドルウェア，サーバー，顧客資産情報を保管する設備等

● 非業務処理システムに係るオペレーティングシステム，ミドルウェア，サーバー

9　資金清算機関

a）　特定重要設備

● 資金清算システム

● 上記の情報処理システムを稼働させる情報処理システム

　―特定重要設備であるシステムと他の業務処理システム（特定重要設備ではないシステムを含む）でハードウェアを共有する機能を有するシステム

　―特定重要設備の操作のために使用するシステム（監視機能のみを有するシステムは除く）

　―複数のシステム間（システムが全て特定重要設備である場合に限る）を連携する機能を有するシステム

　など

b）　構成設備

● 資金清算システムに係る中核的な情報処理を行う機能を有する業務アプリケーション

● 上記アプリケーションに係るオペレーティングシステム，ミドルウェア，サーバー，顧客資産情報を保管する設備等

● 非業務処理システムに係るオペレーティングシステム，ミドルウェア，サーバー

10 前払式支払手段（第三者型）発行者

a） 特定重要設備

● 前払式支払手段の残高管理・加盟店精算・決済・入金業務に係るシステム

● 上記の情報処理システムを稼働させる情報処理システム

　―特定重要設備であるシステムと他の業務処理システム（特定重要設備ではないシステムを含む）でハードウェアを共有する機能を有するシステム

　―特定重要設備の操作のために使用するシステム（監視機能のみを有するシステムは除く）

　―複数のシステム間（システムが全て特定重要設備である場合に限る）を連携する機能を有するシステム

　など

b） 構成設備

● 前払式支払手段の残高管理・加盟店精算・決済・入金業務に係る中核的な情報処理を行う機能を有する業務アプリケーション

● 上記アプリケーションに係るオペレーティングシステム，ミドルウェア，サーバー，顧客資産情報を保管する設備等

● 非業務処理システムに係るオペレーティングシステム，ミドルウェア，サーバー

11 預金保険機関

a） 特定重要設備

● 破綻処理業務システム

● 上記の情報処理システムを稼働させる情報処理システム

　―特定重要設備であるシステムと他の業務処理システム（特定重要設備ではないシステムを含む）でハードウェアを共有する機能を有するシステム

　―特定重要設備の操作のために使用するシステム（監視機能のみを有するシステムは除く）

第2章　金融セクターにおける経済安全保障推進法・基幹インフラ制度の解説　**41**

――複数のシステム間（システムが全て特定重要設備である場合に限る）を連携する機能を有するシステム

など

b）　構成設備

- 破綻処理業務システムに係る中核的な情報処理を行う機能を有する業務アプリケーション
- 上記アプリケーションに係るオペレーティングシステム，ミドルウェア，サーバー，顧客資産情報を保管する設備等
- 非業務処理システムに係るオペレーティングシステム，ミドルウェア，サーバー

12　振替機関

a）　特定重要設備

- 振替システム
- 上記の情報処理システムを稼働させる情報処理システム
  ――特定重要設備であるシステムと他の業務処理システム（特定重要設備ではないシステムを含む）でハードウェアを共有する機能を有するシステム
  ――特定重要設備の操作のために使用するシステム（監視機能のみを有するシステムは除く）
  ――複数のシステム間（システムが全て特定重要設備である場合に限る）を連携する機能を有するシステム
  など

b）　構成設備

- 振替システムに係る中核的な情報処理を行う機能を有する業務アプリケーション
- 上記アプリケーションに係るオペレーティングシステム，ミドルウェア，

サーバー，顧客資産情報を保管する設備等

● 非業務処理システムに係るオペレーティングシステム，ミドルウェア，サーバー

13 電子債権記録機関
a） 特定重要設備

● 電子債権記録システム

● 上記の情報処理システムを稼働させる情報処理システム

　―特定重要設備であるシステムと他の業務処理システム（特定重要設備ではないシステムを含む）でハードウェアを共有する機能を有するシステム

　―特定重要設備の操作のために使用するシステム（監視機能のみを有するシステムは除く）

　―複数のシステム間（システムが全て特定重要設備である場合に限る）を連携する機能を有するシステム

　など

b） 構成設備

● 電子債権記録システムに係る中核的な情報処理を行う機能を有する業務アプリケーション

● 上記アプリケーションに係るオペレーティングシステム，ミドルウェア，サーバー，顧客資産情報を保管する設備等

● 非業務処理システムに係るオペレーティングシステム，ミドルウェア，サーバー

4 導入等計画書に関する運用の枠組み

1 制度のスキーム

本制度は，特定社会基盤事業者が「①他の事業者から特定重要設備の導入を

行う場合」と，「**②他の事業者に委託して**特定重要設備の維持管理若しくは操作を行わせる場合」の２つの場面において，国（事業所管大臣）に対して事前に届出を行い，その内容について審査を受けるものです。①を特定重要設備の導入，②を重要維持管理等の委託，といいます。何れも，**他の事業者から**設備の供給を受けたり，維持管理の委託を行う場合が対象です。

① **特定重要設備の導入**
- 基幹システムの刷新や共同利用システムへの移行，合併対応など
- 基幹システムの主要アプリケーションの機能改修など

② **重要維持管理等の委託**
- 運行管理など，情報処理システムの運用に必要な操作
- 保守等で必要な対応やアプリケーション不備の修正などの維持管理

　国による審査の結果，特定重要設備が特定妨害行為の手段として使用されるおそれが大きいと判断された場合，国は事業者に対し，必要な追加対策等を行った上で導入等を行うこと（若しくは導入等の中止）を勧告・命令します。

【制度のスキーム（内閣府制度概要に一部加筆）】

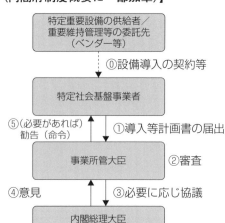

2 特定妨害行為

　本制度は，特定重要設備に対して外国からのサイバー攻撃等（物理的な手段も含まれる）が行われることにより，特定社会基盤役務（サービス）の安定的な提供が妨害されることをリスクとして想定しています。これを**特定妨害行為**といいます。外国とは外国政府に限りません。また，外国の主体の影響下にある国内の主体や，その主体から影響を受けた事業者も対象であることに注意して下さい。

　特定社会基盤事業者は，特定重要設備の供給者又は重要維持管理等の委託先である事業者（ベンダー等）が，「我が国の外部から特定社会基盤役務の安定的な提供を妨害しようとする主体」と関係するリスクを確認し，後述するリスク管理措置に沿って，特定社会基盤事業者が自らリスクを評価し必要な対策を行わなければなりません。

3 特定重要設備の導入

　特定重要設備の導入に伴う届出は，新たに特定重要設備を導入する場合に加

えて，既に導入している**特定重要設備について変更を加える場合**についても必要となる場合があります。金融庁QAでは，「特定重要設備自体を交換する場合や，特定重要設備に含まれる設備や部品の交換によって特定重要設備の機能に関係する変更を加える場合は，変更の届出又は報告ではなく，新たな特定重要設備の導入として，新規の導入等計画書の届出が必要」とされています。

　なお，内閣府の有識者会議（2023年6月12日開催）の内容から，以下のケースについては，軽微な変更として届出は不要と考えられます。
● バグ修正のみを行うもので，「機能」の動作に影響のない変更
● 導入後，設計段階で想定されていた「機能」の動作と異なる動作を行う場合に，プログラムを供給した者が行うそれを是正するためのバグ修正
● 「機能」の動作に影響を及ぼさない，「機能」とは別の機能の追加
● ユーザインターフェースのみを変更する，「機能」の動作に影響のない変更
● パッケージソフトウェア（既製品）については，パッケージソフトウェアそのものの入れ替えを伴わない，パッケージソフトウェアを供給した者が行うアップデートによる変更

　上記は各分野共通の考え方ですが，これを踏まえて金融分野としては，金融庁QAにおいて以下の例が示されています。

a） 特定重要設備の機能に関係する変更にあたる例
　(1)　システム統合に伴う変更
　(2)　オープン化・クラウド化・共同化に伴う変更
　(3)　業務アプリケーションのプログラム言語の変更

b） 特定重要設備の機能に関係する変更にあたらない例
　(1)　外部接続先の仕様変更や制度変更等の外的要因に対応するために行われる一部のプログラムの変更
　(2)　不備を修正するために行われる設備・装置・プログラムの部分的な変更

⑶　設備・装置・プログラムの保守性を向上させるために行われる変更
⑷　営業店の統廃合や本部の組織変更に伴い営業店テーブルや代理店テーブル等に加える変更

　金融庁が示す考え方としては，その変更が「特定重要設備が有する固有の役割を果たす作用」に影響するのであれば，「特定重要設備の機能に関係する変更」にあたることとされています。この考え方に該当しなければ，上述した例のケースでも結果は逆になります。

　以上を踏まえて，具体的な判断基準は，特定社会基盤事業者自らで明確にする必要があります。まず，自社の「特定重要設備が有する固有の役割を果たす作用」を定義し，例えば上述の例などの想定ケースにおいて「特定重要設備の機能に関係する変更」にあたるか否か検討し，必要に応じて金融庁相談窓口へ確認することが望ましいと考えられます。

4　重要維持管理等の委託

　特定重要設備に対する重要維持管理等とは，「特定重要設備の機能を維持するため又は当該特定重要設備に係る特定社会基盤役務を安定的に提供するために重要であり，かつ，これらを通じて当該特定重要設備が我が国の外部から行われる特定社会基盤役務の安定的な提供を妨害する行為の手段として使用されるおそれがある」維持管理と操作とされています（府令8条）。

　金融分野においては，具体的には以下とされています。

a）　維持管理

　特定重要設備である，ソフトウェア・ハードウェアを総称する仕組みとしてのコンピュータシステムの信頼性向上のために実施すべき，障害及び不正使用・破壊・盗難等の防止などの対応

第2章　金融セクターにおける経済安全保障推進法・基幹インフラ制度の解説　**47**

b）　操作

特定重要設備である，ソフトウェア・ハードウェアを総称する仕組みとしてのコンピュータシステムに対して行う運行管理業務

5　子会社等からの導入（届出不要のケース）

以下の①〜⑤から供給を受けて，特定重要設備の導入を行う場合は届出が不要となります（法52条）。

① 　特定重要設備の導入を行う特定社会基盤事業者と実質的に同一と認められる者

② 　国の機関

③ 　地方公共団体

④ 　独立行政法人

⑤ 　地方独立行政法人（公立大学法人を除く）

①については，特定社会基盤事業者の子法人や孫法人は対象となりますが，親法人や兄弟法人は対象外です。なお，当該特定重要設備に上記以外の者が供給する特定重要設備が組み込まれている場合には，導入等計画書の届出が必要となります。また，当該特定重要設備の重要維持管理等を他の事業者に委託して行わせる場合には，重要維持管理等の委託に係る導入等計画書の届出が必要です。

5 　導入等計画書の作成・届出

特定社会基盤事業者が特定重要設備の導入等に関する届出を行う場合は，「導入等計画書」を作成し，添付書類と共に，事業所管大臣へ届出を行います。必要な記載事項等は下表のとおりですが，詳細や様式については内閣府及び金融庁ホームページにある資料を確認して下さい。

【導入等計画書の記載事項（内閣府制度概要より）】

特定重要設備の導入		
届出事項		**添付書類**
特定重要設備の概要 （種類，名称，機能，設置場所，使用場所）		－
導入の内容及び時期		
	導入の目的	－
	導入に携わる者の名称等[※2]	－
	導入の時期	－
特定重要設備の供給者に関する事項		
	供給者の名称・住所・設立準拠法国	登記事項証明書等[※1]
	供給者の議決権の５％以上を直接に保有する者[※2]	－
	供給者の役員の氏名・生年月日・国籍等	役員の旅券の写し等[※3]
	供給者が，外国政府等との取引が売上高の25％以上を占める場合，外国政府等の名称等	－
	設備の製造場所の所在地	－
構成設備に関する事項		
	構成設備の概要（種類・名称・機能）	－
	供給者の名称・住所・設立準拠法国	登記事項証明書等[※1]
	供給者の議決権の５％以上を直接に保有する者[※2]	－
	供給者の役員の氏名・生年月日・国籍等	役員の旅券の写し等[※3]
	供給者が，外国政府等との取引が売上高の25％以上を占める場合，外国政府等の名称等	－
	構成設備の製造場所の所在地	－
導入に関するリスク管理措置[※2]		項目ごとに証する書類

重要維持管理等の委託		
届出事項		**添付書類**
特定重要設備の概要 （種類，名称，機能，設置場所，使用場所）		－
委託の内容及び時期又は期間		
	委託の目的	－
	委託の内容・場所	－

第2章　金融セクターにおける経済安全保障推進法・基幹インフラ制度の解説　**49**

委託の時期又は期間	—
重要維持管理等の委託の相手方に関する事項	
相手方の名称・住所・設立準拠法国	登記事項証明書等※1
相手方の議決権の５％以上を直接に保有する者※2	—
相手方の役員の氏名・生年月日・国籍等	役員の旅券の写し等※3
相手方が，外国政府等との取引が売上高の25％以上を占める場合，外国政府等の名称等	—
重要維持管理等の再委託に関する事項	※4
再委託の内容・場所・時期又は期間	—
相手方の名称・住所・設立準拠法国	登記事項証明書等※1
相手方の議決権の５％以上を直接に保有する者※2	—
相手方の役員の氏名・生年月日・国籍等	役員の旅券の写し等※3
相手方が，外国政府等との取引が売上高の25％以上を占める場合，外国政府等の名称等	—
重要維持管理等の委託に関するリスク管理措置※2	項目ごとに証する書類

※下線のものは，供給者等が直接国に提出することができる情報の項目。
※1：供給者等が日本で登記している場合，登記事項証明書の添付を省略ができる。
※2：直接国に提出できる項目は，「導入等に携わる者」は，個人である場合の国籍等。「議決権保有者」は，設立準拠法国又は国籍等に関する部分。「リスク管理措置」は，一部の項目。
※3：旅券の写し，戸籍抄本若しくは戸籍記載事項証明書又は本籍の記載のある住民票の写しのいずれか。外国人である場合は，氏名・生年月日及び国籍等を証する書類のいずれか。
※4：再委託先の記載事項の省略を行う場合には，省令で定める措置を講じていることを証する書類を添付する必要がある。

1　供給者及び委託先に関する記載範囲

　特定重要設備の導入においては，特定重要設備の供給者及び構成設備の供給者が届出の範囲となります。

　重要維持管理等の委託については，重要維持管理等の委託先全て（最終的に委託を受けた者まで）に関する届出が必要です。ただし，特定社会基盤事業者が再委託の内容及び時期又は期間を把握し，さらに再委託先の事業者が不正アクセスを予防するための措置等を行っていることを特定社会基盤事業者又は再

委託をした者が確認するための措置をとっていることを証する書類を添付することで，再委託先に関する詳細な事項の記載及び書類の添付を省略することができます。

2　構成設備に関する記載省略の特例

　構成設備に関しては，ISMAP（政府情報システムのためのクラウドサービスのセキュリティレベルの評価制度）の登録を受けているクラウドサービスが対象である場合には，下記の項目について記載を省略できます（府令様式第四㈠「4．構成設備」（記載上の注意））。

● 供給者の総株主等の議決権の5％以上を直接に保有する者
● 供給者の役員
● 供給者における外国政府等との取引に係る売上高の割合
● 製造する工場又は事業場の所在地
● 当該構成設備の一部を構成する構成設備に関する記載

3　リスク管理措置に関する記載

　導入等計画書の様式において，リスク管理措置についてはそれぞれの措置に対して，チェックボックス及び備考欄にて記載します。

【リスク管理措置の届出様式の例（様式第四㈠導入等計画書より抜粋）】

5．特定重要設備の導入に当たって特定社会基盤事業者が講ずる特定妨害行為を防止するための措置に係る事項

項目		備考
⑴　特定重要設備及び構成設備の供給者における製造等の過程で，特定重要設備及び構成設備に不正な変更が加えられることを防止するために必要な管理がなされ，当該管理がなされていることを特定社会基盤事業者が確認できることを契約等により担保している。		
①-1　特定社会基盤事業者は，特定社会基盤事業者等において，特定重要設備に悪意のあるコード等が混入していないかを確認するための受入検査その他の検証体制が構築されており脆弱性テストが導入までに実施されること※を確認している。 ※　当該特定重要設備の供給者及び当該特定重要設備の構成設備の供給者によって実施されるものを除く。	☐	

第2章　金融セクターにおける経済安全保障推進法・基幹インフラ制度の解説　**51**

　特定社会基盤事業者は，実施した措置の項目にチェックを付けます。リスク管理措置は，リスクの内容及び程度に応じて講じられるべきものであり，項目として掲げる措置の全てを常に講ずることが求められるものではありません。リスク管理措置の内容と同一の内容ではなくとも，同等のリスク管理が実施できていると認められるものについては，その内容を備考の欄に記載した上でチェックを付けます。なお，当該リスク管理を実施しておらずチェックを付けられない場合でも，特定社会基盤事業者としてのリスク評価の内容（対策が不要と考える背景等）や，今後の管理態勢の方針等を備考欄に記載することも検討して下さい。

　また，導入等計画書の届出に当たっては，リスク管理措置の実施状況を確認できる資料を添付する必要があります。確認できる資料とは，例えば契約書やマニュアル等が考えられますが，リスク管理措置が実質的に担保できていると判断可能な書類であれば問題ないとされています。

4　導入等計画書の届出

　導入等計画書は，導入や委託の開始前に届出が必要です。特定社会基盤事業者は，「主務大臣が当該届出を受理した日から起算して30日を経過する日までは，当該導入等計画書に係る特定重要設備の導入を行いまたは重要維持管理等を行わせてはならない」ことになっています（法52条）。これを「禁止期間」と言い，当該届出を受理した日から起算して4ヶ月間に限り，延長することがあります。禁止期間は短縮されることもあります。禁止期間は，特定社会基盤事業者が導入等計画書の届出を行った後，事業所管大臣が当該導入等計画書の審査を完了するまでの間に導入等が行われることを防止するための期間です。

　したがって，導入等計画書の届出は，禁止期間を踏まえた適切な時期に行う必要があります（早めの届出，余裕を持ったスケジュールが届出側に求められます）。さらに，審査の結果，勧告・命令が出される可能性やその対応に必要と考えられる期間も踏まえて，届出時期を検討することが望ましいと思われます。

また、届出に当たっては、審査を行うために必要な事項が記載されているか、必要な書類が計画書の記載内容と整合する形で添付されているかといった点について金融庁側で確認が行われます。ここで、記載等の不備や確認が必要な事項があった場合は、当局側の受理に至りません（禁止期間が開始しません）。そのため、特に初回審査の場合においては、ドラフト版の導入等計画書を用いた当局との事前のすり合わせを必ず実施すると共に、その期間についても十分な余裕を持って計画して下さい。

こういった実態を踏まえて、金融庁への事前相談の実施や、導入等計画書の届出時期の検討を行って下さい。

【導入等計画書の届出から導入までの流れ】

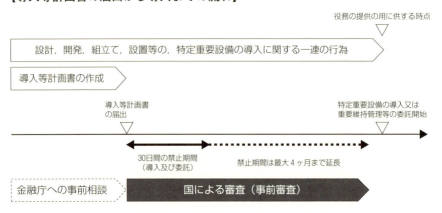

5　バイパス提出（機微情報等の直接提出）

導入等計画書では、供給者の役員の国籍情報の記入や、パスポートのコピーの添付など、機微にあたる情報の記入や確認書類の添付が求められています。

これらの、機微であること等により特定重要設備の供給者や重要維持管理等の委託の相手方が、特定社会基盤事業者等へ提供することが難しい情報については、特定社会基盤事業者等を経由することなく、特定重要設備の供給者や重要維持管理等の委託の相手方などが、直接、事業所管大臣へ提出することがで

きます。

なお、構成設備の供給者がバイパスを行う場合や、重要維持管理等の再委託の相手方がバイパスを行う場合についても同様の流れで直接提出を行います。

【バイパス提出の流れ】

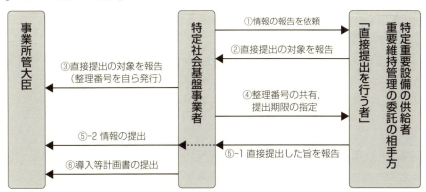

6 緊急導入等の場合（事後提出）

緊急やむを得ない場合には、導入等計画書を予め届出をすることなく、特定重要設備の導入等を行うこと（「緊急導入等」といいます）ができます。

「緊急やむを得ない場合」は、内閣府共通解説・制度概要において以下の全てを満たす場合とされています。

- 特定社会基盤役務の提供に支障が生じ、又は生ずるおそれがある場合であること（緊急性）
- 特定社会基盤事業者が、法第52条第1項本文の規定の適用を免れる目的で特定社会基盤役務の安定的な提供に支障が生ずるおそれを生じさせた場合ではないこと（非故意性）
- 他の事業者から特定重要設備の導入を緊急に行い、又は他の事業者に委託して特定重要設備の重要維持管理等を緊急に行わせることがその支障の除去又は発生の防止のために必要であること（必要性）

● 他に適当な方法がない場合であること（非代替性）

なお，緊急導入等を行った場合は，遅滞なく緊急導入等届出書を提出する必要があり，緊急導入等届出書において，上記要件を満たしていたことを記載する必要があります。

7　記載事項の変更

導入等計画書の届出の後，導入を行う前又は重要維持管理等を行わせる前，若しくは行わせる期間の終了前に，当該導入等計画書の記載事項に変更が生じることがあると思います。変更が生じた届出事項により，以下の3つの類型に対応が分かれます。

① 　変更を行う前に導入等計画書等の変更の案の届出が必要な「重要な変更」
② 　変更を行った後に報告が必要な「事後報告」
③ 　①及び②に該当しない，届出・報告が不要な「軽微な変更」

【変更の類型ごとの流れ】

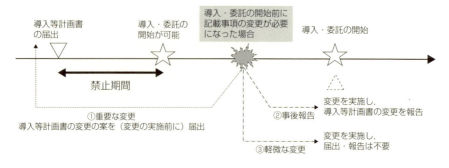

第2章　金融セクターにおける経済安全保障推進法・基幹インフラ制度の解説　**55**

【導入等計画書等の変更の取扱い（内閣府制度概要より抜粋）】

	届出事項	変更の類型
特定重要設備の導入	特定重要設備の**種類，名称，機能，設置・使用する場所**	①**重要な変更**
	特定重要設備の**導入の目的，導入に携わる者の名称等**	①**重要な変更**
	導入の時期（特定重要設備を役務の提供の用に供する時点）	②**事後報告**
	供給者の名称，代表者の氏名（個人の場合は氏名）	・供給者の名称，氏名：①**重要な変更** ・代表者の氏名：②**事後報告**
	供給者の住所	・国の変更：①**重要な変更** ・それ以外：③**軽微な変更**
	供給者の設立準拠法国等（個人の場合は国籍等）	①**重要な変更**
	供給者の議決権の5％以上を直接に保有する者の名称又は氏名，設立準拠法国等又は国籍等，議決権保有割合 ※新たに5％以上の議決権を直接に保有する者が現れた場合は，**名称の変更**として，②**事後報告**が必要	・議決権保有割合以外：②**事後報告** ・議決権保有割合 　増加により新たに以下の(1)～(3)に該当する者がある場合：②**事後報告** 　それ以外の場合：③**軽微な変更** 　(1)　25％以上3分の1未満を直接に保有する者 　(2)　3分の1以上50％未満を直接に保有する者 　(3)　50％以上を直接に保有する者
	供給者の役員の氏名，生年月日，国籍等	②**事後報告**
	過去3年間において，外国政府等との取引に係る売上高が供給者の取引高の総額に占める割合が25％以上である場合，事業年度，その相手国，総額に占める割合	②**事後報告**
	特定重要設備を製造する工場又は事業場の所在地	・国の変更：①**重要な変更** ・それ以外：③**軽微な変更**
	リスク管理措置の実施状況	①**重要な変更**
重要維持管理等の委託	特定重要設備の**種類，名称，機能，設置・使用する場所**	①**重要な変更**
	委託の**目的・内容，重要維持管理等の実施場所**	①**重要な変更**
	重要維持管理等を行わせる時期又は期間	・期間を延長：①**重要な変更** ・それ以外：②**事後報告**
	委託の相手方の名称，代表者の氏名（個人の場合は氏名）	・供給者の名称，氏名：①**重要な変更** ・代表者の氏名：②**事後報告**
	委託の相手方の住所	・国の変更：①**重要な変更** ・それ以外：③**軽微な変更**
	委託の相手方の設立準拠法国等（個人の場合は国籍等）	①**重要な変更**
	委託の相手方の議決権の5％以上を直接に保有する者の名称又は氏名，設立準拠法国等又は国籍等，議決権保有割合 ※新たに5％以上の議決権を直接に保有する者が現れた場合は，**名称の変更**として，②**事後報告**が必要	・議決権保有割合以外：②**事後報告** ・議決権保有割合 　増加により新たに以下の(1)～(3)に該当する者がある場合：②**事後報告** 　それ以外の場合：③**軽微な変更** 　(1)　25％以上3分の1未満を直接に保有する者 　(2)　3分の1以上50％未満を直接に保有する者 　(3)　50％以上を直接に保有する者
	委託の相手方の役員の氏名，生年月日，国籍等	②**事後報告**
	過去3年間において，外国政府等との取引に係る売上高が供給者の取引高の総額に占める割合が25％以上である場合，事業年度，その相手国，総額に占める割合	②**事後報告**
	リスク管理措置の実施状況	①**重要な変更**

8 重要維持管理等の契約更新時の注意

　維持管理等に関する委託先との契約について，一般的には，「時期若しくは期間」を定めて締結した後，当該期間が経過する際に契約更新を行って契約の延長を行っているかと思います。ここで，「時期若しくは期間」以外の項目に更新項目がない契約であっても，本制度においては新たに重要維持管理等の委託を開始する場合に該当するため，更新後の契約が開始される前に導入等計画書を届け出なければなりません。届出の要否の判断基準は，前述の契約変更の類型と同じです。「重要な変更」に該当する項目について変更した上で契約更新を行う場合は，事前の届出が必要です。

　また，委託先と再委託との再委託契約の変更等に関しては，特定社会基盤事業者と委託先との契約に関する取扱いと同じとされています。そのため，委託先と再委託の相手方との間における再委託契約が更新される場合においても導入等計画書の事前届出が必要である点にご注意ください。導入等計画書の届出について円滑に運用するために，重要維持管理等の委託に係る契約については，一次委託先から二次，三次の委託先といった再委託先等への契約も含めて，一連の契約について契約期間等を揃えるなどの対応を検討して下さい。

6 　審査・勧告

1 　審査の内容

　国は，届出のあった導入等計画書に基づき，その特定重要設備が特定妨害行為の手段として使用されるおそれが大きいかどうかを審査します。審査の結果，当該特定重要設備が特定妨害行為の手段として使用されるおそれが大きいと認めるときは，勧告及び命令が出されます。なお，審査の結果，導入や委託の開始が認められる場合は，禁止期間の終了通知が出されます。

　審査は，以下の要素で行われます。

① 特定社会基盤事業者が導入等を行おうとする特定重要設備の供給者等が我が国の外部にある主体から強い影響を受けているかどうか

② 特定社会基盤事業者が導入等を行おうとする特定重要設備について，特定社会基盤役務の安定的な提供が妨害されるおそれに関する評価を自ら行い，その結果に応じて，リスク管理措置を講じているかどうか

③ 特定社会基盤事業者が導入等を行おうとする特定重要設備について，その供給者等が供給する特定重要設備及び構成設備に関する製品に対して脆弱性が指摘された例，その供給者等が実施する重要維持管理等に対して不適切性が指摘された例及びその供給者等に対して我が国の法令や国際的に受け入れられた基準等の不遵守等が指摘された例

④ ①から③までのほか，特定重要設備の導入等又は特定重要設備の供給者等に関して特定重要設備が特定妨害行為の手段として使用されるおそれに関する事項（例えば，我が国及び同盟国・同志国に対する妨害行為に関与したとの指摘がなされている場合が含まれる）

2 審査に伴う検査等

事業所管大臣は，勧告及び命令の対象となる特定重要設備の導入又は重要維持管理等の委託について，その時点の状況を正確に把握する必要がある場合等においては，「特定社会基盤事業者に対し，その行う特定社会基盤事業に関し必要な報告若しくは資料の提出を求め，又はその職員に，特定社会基盤事業者の事務所その他必要な場所に立ち入り，当該特定社会基盤事業に関し質問させ，若しくは帳簿，書類その他の物件を検査させることができる」（法58条2項）とされています。

また，事業所管大臣が本制度に係る「規定を施行するために必要があると認めるときは，内閣総理大臣，関係行政機関の長その他の関係者に対し，資料又は情報の提供，説明，意見の表明その他必要な協力を求めることができる」（法59条）ことに関して，特定重要設備の供給者，重要維持管理等の委託の相手方

等に対しても求めることがあると内閣府基本指針において示されています。

3　勧告及び応諾等

　事前審査の結果，特定重要設備が特定妨害行為の手段として使用されるおそれが大きいと認めるときは，計画書の内容の変更や中止が勧告され，事業者が従わない場合等には命令されることがあります。

　「勧告を受けた特定社会基盤事業者は，当該勧告を受けた日から起算して十日以内に，主務大臣に対し，当該勧告を応諾するかしないか及び応諾しない場合にあってはその理由を通知」しなければなりません（法52条7項）。応諾する場合は，当該勧告に係る変更を加えた導入等計画書を届け出た上で，変更後の導入等計画書に基づき特定重要設備の導入や重要維持管理等の委託の開始，若しくは導入や委託の開始を中止することになります。なお，この際に禁止期間が再度延長されることはありません。

4　事後的な勧告

　審査を経て，特定重要設備の導入等を行うことができることとなった後であっても，国際情勢の変化等により，その特定重要設備が特定妨害行為の手段として使用され，又は使用されるおそれが大きいと認められた場合は，当該特定社会基盤事業者に対し特定重要設備の検査又は点検の実施，当該特定重要設備の重要維持管理等の委託の相手方の変更その他の特定妨害行為を防止するため必要な措置をとるべきことを勧告することができます。

　このように，審査が完了し，導入等が完了した後であっても，勧告を受ける場合があることを事業者は認識しておく必要があります。

第 3 章

リスク管理措置に係る
用語の定義・理解の前提

第3章　リスク管理措置に係る用語の定義・理解の前提　**61**

1 主な参考資料

　本書において，リスク管理措置が求める対策内容を理解し，また，具体的な実践内容を検討するに当たって参考にした資料を紹介します。これらの資料は，リスク管理措置においてベースラインとして求められる対策の理解につながると共に，重要インフラとして必要な対策を網羅的に参照するためにも重要な資料です。これらの資料を踏まえつつ，本書ではリスク管理措置の解釈と対策に関する実践的なガイドラインを構築していきます。

　なお，一般にダウンロード等が可能な資料は，2024年11月時点のURLも紹介します。

No	ポイント	参考資料
1	情報資産目録の作成に関するガイドライン （導入②：情報セキュリティ要件の実装）	○FISC「金融機関等におけるセキュリティポリシー策定のための手引書（第2版）」P.34，35 3.3　セキュリティスタンダードの策定 3.3.1　情報資産の洗出し 3.情報資産目録の作成 ※FISC会員は専用サイトから参照可能
2	アクセス制御等に関する詳細対策 （導入⑤：開発・製造環境への物理的及び論理的な制御）	○リモートアクセスについて ・総務省「テレワークセキュリティガイドライン」P.88 （https://www.soumu.go.jp/main_content/000752925.pdf） ・金融庁「2023/11/16 コメントの概要及びコメントに対する考え方」No.25 （https://www.fsa.go.jp/news/r5/sonota/20231116/01.pdf） ○パスワードポリシー，多要素認証について ・IPA「不正ログイン対策特集ページ」 （https://www.ipa.go.jp/security/anshin/measures/account_security.html）

3	不正アクセス事例，対策ガイドライン （導入⑬：設備に対するアクセスの制御及び不正アクセスの監視の仕組みの実装）	○金融庁「金融機関のシステム障害に関する分析レポート」 （https://www.fsa.go.jp/news/r4/sonota/20230630-2/20230630-2.html） ○IPA「内部不正による情報セキュリティインシデント実態調査」 （https://www.ipa.go.jp/archive/security/reports/economics/insider.html） ○IPA「組織における内部不正防止ガイドライン」 （https://www.ipa.go.jp/security/guide/insider.html）
4	設計情報等に対するアクセス制御 （維持管理③：保有している設計書・設備等の情報への物理的及び論理的な制御）	○経済産業省「秘密情報の保護ハンドブック～企業価値向上にむけて～（令和4年5月改訂版）」 （https://www.meti.go.jp/policy/economy/chizai/chiteki/pdf/handbook/full.pdf）
5	内閣サイバーセキュリティセンター（NISC）で公開されているガイドライン等	本実践ガイドの対策項目検討において直接的には参照していませんが，リスク管理措置はNISC等の政府機関がこれまで整理・検討を行ってきたガイドライン等を踏まえているものと思料しています。重要インフラにかかる対策の観点で主な資料をご紹介します。 ・「重要インフラ対策関連」 （https://www.nisc.go.jp/policy/group/infra/policy.html） ・「政府機関等のサイバーセキュリティ対策のための統一基準群」 （https://www.nisc.go.jp/policy/group/general/kijun.html）

※導入の○番号については，第4章①を参照。

第3章　リスク管理措置に係る用語の定義・理解の前提　**63**

2 │ リスク管理措置における基本指針

　リスク管理措置には，「特定重要設備の導入」「重要維持管理等の委託」「管理体制の確認」の3つの観点においてそれぞれ3つずつ，①〜⑨までの基本指針が示されています。さらに，この基本指針を踏まえて必要な管理措置を詳細化した「項目」の単位で，リスク管理措置は整理されています。

　ここでは，基本指針を紹介します。各基本指針が求めている内容で，<u>対策のポイントとなる箇所に下線を引いていますので</u>，参考にして下さい。

※【　】内の記述は，導入等計画書の書式において記載されている番号です。

1　特定重要設備の導入に係るリスク管理措置
基本指針①【導入（1）】

> 特定重要設備及び構成設備の供給者における**製造等の過程で，特定重要設備及び構成設備に不正な変更が加えられることを防止**するために必要な管理がなされ，当該管理がなされていることを**特定社会基盤事業者が確認できることを契約等により担保**している。

基本指針②【導入（2）】

> 特定重要設備又は構成設備について，将来的に保守・点検等が必要となることが見込まれる場合に，当該保守・点検等を行うことができる者が特定重要設備又は構成設備の供給者に限られるかどうか等の実態も踏まえ，供給者を選定している。

基本指針③【導入（3）】

特定重要設備及び構成設備について，**不正な妨害が行われる兆候を把握可能な体制**がとられており，**不正な妨害が加えられた場合であっても，冗長性が確保**されているなど，役務の提供に支障を及ぼさない構成となっている。

2　重要維持管理等の委託に係るリスク管理措置

基本指針④【維持管理（1）】

委託された重要維持管理等の実施に当たり，**委託（再委託を含む。）を受けた者（その従業員等を含む。）によって，特定重要設備について特定社会基盤事業者が意図しない変更が加えられることを防止**するために必要な管理等がなされ，その管理等に関する事項を**特定社会基盤事業者が確認できることを契約等により担保**している。

基本指針⑤【維持管理（2）】

重要維持管理等の再委託が行われる場合においては，**再委託を受けた者のサイバーセキュリティ対策の実施状況を確認**するために必要な情報が，再委託を行った者を通じて特定社会基盤事業者に提供され，また，**再委託を行うことについてあらかじめ特定社会基盤事業者の承認を受けることが契約等により担保**されている。

基本指針⑥【維持管理（3）】

特定社会基盤事業者が，委託の相手方が契約に反して重要維持管理等の役務の提供を中断又は停止するおそれがないかを確認している。

3　管理体制の確認のために必要なリスク管理措置

基本指針⑦【導入（4）・維持管理（4）】

> 特定社会基盤事業者が，特定重要設備及び構成設備の供給者や委託（再委託を含む。）の相手方について，過去の実績を含め，**我が国の法令や国際的に受け入れられた基準等の遵守状況を確認**している。

基本指針⑧【導入（5）・維持管理（5）】

> 特定社会基盤事業者が，特定重要設備及び構成設備の供給や委託（再委託を含む。）した重要維持管理等の適切性について，**外国の法的環境等により影響を受けるものではないことを確認**している。

基本指針⑨【導入（6）・維持管理（6）】

> 特定社会基盤事業者が，特定重要設備及び構成設備の供給者や委託（再委託を含む。）の相手方に関して，**我が国の外部からの影響を判断するに資する情報の提供が受けられることを契約等により担保**している。また，契約締結後も当該情報について変更があった場合に，**適時に情報提供を受けられることを契約等により担保**している。

3　ベースラインの対策について

　経済安全保障推進法における基幹インフラ役務の安定的な提供の確保に関する制度において，リスク管理措置を考える上で重要な概念が「ベースラインの対策」です。これは，リスク管理措置に明記されていないものの，基本的な対策として行うべき対策を指します。この「ベースラインの対策」が前提にあることを理解し，適切に実装することが，効果的なリスク管理の基盤となります。

【ベースラインの対策】

1　ベースラインの対策の定義と重要性

　ベースラインの対策とは，経済安全保障推進法・基幹インフラ制度のリスク管理措置において明示的に要求されていないものの，基本的なセキュリティ対策として実施すべき最低限の対策を指します。これらの対策は，業界標準や既存の規制要件，ベストプラクティスなどに基づくものと想定しています。
　ベースラインの対策の重要性は以下の点にあります。

a）　基本的な防御ラインの確立

　ベースラインの対策は，サイバー攻撃や障害に対する基本的な防御ラインを確立します。これらの対策がしっかりと実施されていないと，より高度な対策を導入しても，その効果が十分に発揮されない可能性があります。

第3章　リスク管理措置に係る用語の定義・理解の前提　**67**

b)　コンプライアンスの基盤

　ベースラインの対策は，多くの場合，既存の法令や業界規制の要求事項を満たすための最低限の対策を含んでいます。これらの対策を確実に実施することで，コンプライアンスの基盤を築くことができます。

c)　リスク評価の実施

　ベースラインの対策では，各種ガイドラインに基づくリスク評価が求められます。適切なリスク評価が前提となりベースラインの対策が実施されることによりリスク管理措置に必要な管理態勢となります。

d)　効率的なリソース配分

　ベースラインの対策を明確にすることで，限られたリソースを効率的に配分することができます。基本的な対策にリソースを確保した上で，より高度な対策や特定のリスクに対する追加的な対策にリソースを振り向けることができます。

2　金融セクターにおけるベースラインの対策の例

　金融セクターにおけるベースラインの対策には，以下のようなものが含まれます。

a)　アクセス制御
- 多要素認証の導入
- 最小権限の原則に基づくアクセス権限の管理
- 定期的なアクセス権限の見直し
- 特権アカウントの厳格な管理

b)　ネットワークセキュリティ
- ファイアウォールの適切な設定と管理

- 侵入検知・防御システム（IDS/IPS, Intrusion Detection System/Intrusion Prevention System）の導入
- ネットワークセグメンテーションの実施
- 暗号化通信（SSL/TLS, Secure Sockets Layer/Transport Layer Security）の使用

c） エンドポイントセキュリティ
- ウイルス対策ソフトの導入と定期的な更新
- OSやアプリケーションの脆弱性パッチの適時適用
- ハードディスク暗号化の実施
- 不要なサービスやポートの無効化

d） データ保護
- 重要データの暗号化
- データのバックアップと定期的な復旧テスト
- データ分類とアクセス制御の連携
- 安全なデータ消去手順の確立

e） セキュリティ監視
- セキュリティイベントの24時間365日監視
- SIEM（Security Information and Event Management）の導入
- ログの収集，保管，分析
- インシデント対応プロセスの確立

f） 物理セキュリティ
- データセンターへの入退管理
- 監視カメラの設置
- 重要区域の二要素認証による入室管理

●災害対策（耐震，防火，停電対策など）

g） 人的セキュリティ
●従業員に対する定期的なセキュリティ教育
●セキュリティポリシーの周知徹底
●社内での情報セキュリティキャンペーンの実施
●退職者のアクセス権限の速やかな削除

h） サプライチェーンセキュリティ
●ベンダーのセキュリティ評価プロセスの確立
●重要なサプライヤーとのセキュリティ契約の締結
●サードパーティリスク管理プログラムの実施
●サプライヤーの定期的なセキュリティ監査

i） コンプライアンスと監査
●関連法令や規制要件の遵守状況の定期的な確認
●内部監査プログラムの実施
●外部監査への対応体制の整備
●セキュリティポリシーと手順の定期的な見直し

j） インシデント対応
●インシデント対応計画の策定と定期的な更新
●インシデント対応チーム（CSIRT, Computer Security Incident Response Team）の設置
●定期的なインシデント対応訓練の実施
●フォレンジック調査能力の確保

3 ベースラインの対策を実装する際の留意点

ベースラインの対策を実装する際には，以下の点に留意する必要があります。

a） 組織の特性に応じたカスタマイズ

ベースラインの対策は，一般的な基準を示すものですが，各組織の特性（規模，業務内容，リスク環境など）に応じてカスタマイズする必要があります。

b） 継続的な更新

技術の進歩や脅威環境の変化に応じて，ベースラインの対策も定期的に見直し，更新する必要があります。

c） 実効性の確保

対策が形式的なものにならないよう，実際の運用面での実効性を確保することが重要です。定期的な監査や訓練を通じて，対策の有効性を検証する必要があります。

d） 従業員の理解と協力

ベースラインの対策を効果的に機能させるためには，全従業員の理解と協力が不可欠です。定期的な教育や啓発活動を通じて，セキュリティ意識の向上を図る必要があります。

4 ベースライン対策の継続的な見直しと更新

ベースラインの対策は，技術の進歩や脅威環境の変化に応じて，継続的に見直しと更新を行う必要があります。以下のポイントに注意が必要です。
- 新たな脅威への対応
- 技術の進歩への追従
- 規制要件の変化への対応
- ベストプラクティスの取り込み

第3章　リスク管理措置に係る用語の定義・理解の前提　**71**

5　まとめ

ベースラインの対策は，経済安全保障推進法・基幹インフラ制度のリスク管理措置の基盤となるものです。これらの対策を確実に実施することで，基本的なセキュリティレベルを確保し，より高度な対策を効果的に導入するための土台を築くことができます。

ベースラインの対策には，アクセス制御，ネットワークセキュリティ，データ保護，セキュリティ監視，物理セキュリティ，人的セキュリティなど，多岐にわたる分野が含まれます。これらの対策は，組織の特性に応じてカスタマイズし，継続的に更新していく必要があります。

また，ベースラインの対策は静的なものではなく，常に見直しと更新が必要です。技術の進歩，脅威環境の変化，規制要件の変更などに応じて，適切にベースライン対策を更新していくことが重要です。

金融機関は，ベースラインの対策を確実に実施した上で，経済安全保障推進法・基幹インフラ制度のリスク管理措置に対応するための追加的な対策を講じることで，効果的かつ効率的なリスク管理を実現することができるでしょう。このアプローチは，法令遵守だけでなく，組織の競争力強化と持続可能な成長にもつながります。

4 ｜ 工程や環境に関する用語について

リスク管理措置で使用されている用語のうち，情報システム開発に関する工程と環境について解説します。

1　工程に関する用語

導入編のリスク管理措置においては，「製造工程（開発工程を含む。）」と，「導入」及び「設置」が工程に関する用語として使用されています。

まず，「導入」は，当該情報処理システムによる<u>サービス提供を開始する時点</u>です。次に「設置」は，例えば<u>本番環境のサーバへアプリケーションを配置</u>

するなどの行為を指していると考えられます。したがって「導入」及び「設置」は，システム開発プロジェクトにおけるリリース工程を指していると理解して問題ないと思います。

「製造工程」はリリースに至るまでの一連のシステム開発に必要な工程を指すものと考えられ，「開発工程」を包含します。「開発工程」は，ウォーターフォールモデルにおける詳細設計～結合テストといった工程を指すものと考えるのが自然だと思います。なお，当該情報処理システムがサービス利用を開始した後の工程については，「維持管理」が該当します。

また，リスク管理措置の項目は，システム開発の工程順序にはなっていないため，システム開発の担当者からは分かりにくい構造になっています。なお，リスク管理措置は，第3章②で前述したとおり「導入」「維持管理」「管理体制」の3つで分類されていますが，各分類の中の記載順は重要な項目の順（事業者が優先的に対処すべき順）になっていると考えられます。

2 環境に関する用語

システム開発プロジェクトやソフトウェア保守においては，その特性に応じて開発環境・テスト環境・ステージング環境・本番環境・災害復旧環境といったいくつかの環境を構築・保持していると思われます。

リスク管理措置における環境に関する用語として，まず「特定重要設備」は本番環境を指しており，いわゆる開発環境やテスト環境などサービス提供に直接関与しない環境は含みません。ただし，災害復旧環境などのバックアップ系システムについても「特定重要設備」の一部とされている点は注意が必要です。

次に「製造環境（開発環境を含む。）」は，前述の製造工程・開発工程で利用する環境を指しています。

また，「重要維持管理等の実施環境」や「重要維持管理等の実施場所」という用語も登場します。これは，特定重要設備に対する維持管理や操作を行うための環境・設備，場所を指しています。「重要維持管理の実施環境」から特定重要設備の設置場所（データセンター等）に対してリモートアクセス等を行い，

第 3 章　リスク管理措置に係る用語の定義・理解の前提　73

【工程に関する用語及びリスク管理措置（基本指針①③④）の該当工程のイメージ】

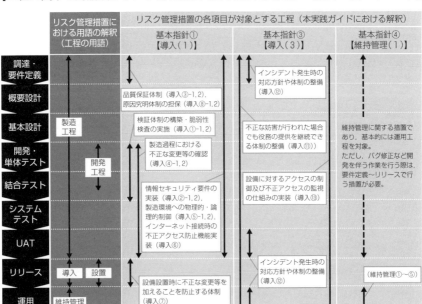

必要な作業・操作を行う場面を想定していると考えられます。

　ここで，リスク管理措置の維持管理③「保有している設計書・設備等の情報への物理的（入退室管理）及び論理的な制御（システムへのアクセス制御）」に関して注意が必要です。当該項目に関する内閣府の共通解説から，例えば，「設計書や設備等の情報」の保管等を行う環境や場所が，「重要維持管理等の実施場所」に含まれ得ることが示されています。また，リモートアクセスに関しては，テレワーク環境から「重要維持管理等の実施環境」や「重要維持管理等の実施場所」へアクセスを行う場合があれば，テレワーク環境においても同等のリスク評価と対策が必要と思われます。このように，「重要維持管理等の実施場所」の範囲については，重要維持管理等の委託内容の実態等に照らして，特定社会基盤事業者において個別に判断することが必要と考えられます。

【環境に関する用語の該当イメージ】

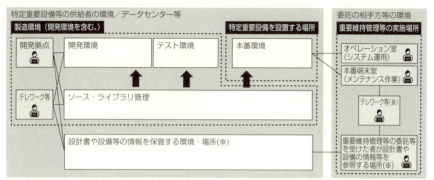

※「重要維持管理等の実施場所」の範囲については，重要維持管理等の委託内容の実態等に照らして，特定社会基盤事業者において個別に判断することが必要

5 「導入」における関係者等の枠組み

特定重要設備の導入において，導入等計画書に記載して届出が必要な範囲は下図のとおりです。特定重要設備及び構成設備の供給者に加えて，特定重要設備の導入に携わる者が対象となります。

1 導入に携わる者

導入に携わる者は，「供給者には該当しないが，特定重要設備に不正な機能を埋め込むことや，特定重要設備の脆弱性を把握することが可能な者」です。対象者を導入等計画書へ記載して報告する必要があります。以下に挙げる金融庁QAにおける例も参考にして，対象者を整理して下さい。

a) 特定社会基盤事業者と特定重要設備の供給者との間に存在する販売者
b) 特定重要設備の導入前に特定重要設備に対してペネトレーション等サイバーセキュリティに関するテストを実施する者
c) 特定社会基盤事業者と特定重要設備の供給者の間に存在する契約者（特定社会基盤事業者の親会社が，特定社会基盤事業者に代わって供給者と契約している場合等）

【「導入」における関係者等（内閣府制度概要より抜粋・一部加筆）】

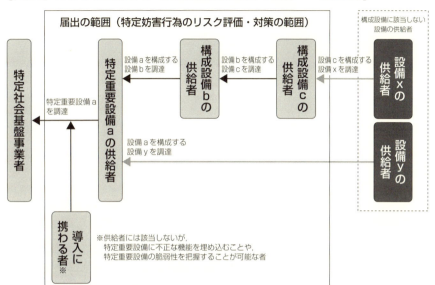

なお，導入に携わる者については，導入等計画書への記載以外に，リスク管理措置の導入⑦（設備設置時に不正な変更等を加えることを防止する体制）において，具体的な措置の確認対象になっています。なお，導入⑫の共通解説にも導入に携わる者に関する記載があります。

2 構成設備の供給者の対象範囲

構成設備に該当しない設備の供給者については，導入等計画書に記載する必要がありません。そのため，何が構成設備に当たるのかについて，各事業者で判断基準を持っておく必要があります。また，例えば構成設備としてソフトウェアパッケージ製品を導入した場合，そのパッケージ製品の中に報告が必要な構成設備が含まれるかといった点について，検討が必要になってきます。

第2章③のとおり，構成設備とは，金融分野においては「サーバー」「オペレーティングシステム」「ミドルウェア」「業務アプリケーション」等であり，

かつ，サービス提供を行うために必要不可欠なものに限られるとされています。また，構成設備の供給者とは，「構成設備として機能が充足された状態のものを製造又は供給する者」とされています。

例えば，会計業務を担うアプリケーションは，機能別にいくつものプログラムで構成されていますが，そのプログラム一つひとつは「会計業務を担うアプリケーション（＝構成設備）として機能が充足された状態」には当たらないと考えられます。それらのプログラムを統合し，会計業務を担うアプリケーションとして「機能が充足された状態」へ機能を統合した者が，構成設備の供給者となります。

3　製造環境（開発環境を含む。）の対象範囲

導入編のリスク管理措置においては，「製造環境（開発環境を含む。）」という前提が度々登場します。ここで，例えば業務アプリケーションの開発を外部に開発委託している場合において，当該委託先の開発環境は「製造環境（開発環境を含む。）」に該当するのか，といった点の解釈が必要になってきます。本制度は，外部から設備の供給を受ける際のリスク評価・対策が主旨ですので，業務アプリケーション又はその一部の開発を開発委託している場合，委託先の開発環境は「製造環境」であると考えられます。

6　「重要維持管理等」における関係者等の枠組み

重要維持管理等とは「維持管理」と「操作」であり，その内容については前述第2章④4のとおり，金融分野においては，以下のように示されています。

維持管理	コンピュータシステムの信頼性向上のために実施すべき，障害及び不正使用・破壊・盗難等の防止などの対応
操作	コンピュータシステムに対して行う運行管理業務

第3章　リスク管理措置に係る用語の定義・理解の前提　**77**

1　重要維持管理等の委託に該当する範囲

　特定重要設備の維持管理等にかかる全ての委託が重要維持管理等に該当するわけではありません。「特定重要設備に係る特定社会基盤役務を安定的に提供するために重要かつ特定妨害行為の手段として使用されるおそれ」がある場合に，重要維持管理等の対象となります。基本的には，特定重要設備に対しての何らかの変更作業や操作を行う行為が対象となると思われます。金融庁QAにおいて，重要維持管理等の委託に該当しない例として以下が挙げられています。

- 開発環境へのアクセス権限のみ付与する予定であり，本番環境へのアクセス権限を付与する予定がない場合
- 本番環境のデータやログの参照以外のアクセス権限を付与する予定がない場合
- 特定重要設備の稼働状況の監視のみを行う場合（システムの稼働状況を閲覧する行為にとどまる場合）

2　プログラムの更新について

　重要維持管理等における「維持管理」には，日常的なバグ修正や脆弱性に対するアップデートといった「信頼性向上のために実施すべき」プログラムの更新が含まれます。一方で，重要維持管理等における導入等計画書では，特定重要設備の導入において求められている製造・開発に関するリスク管理措置が含まれていません（例えば，導入①-1,2「（第三者による）受入検査等の検証体制の構築，脆弱性検査の実施」，導入④-1,2「開発・製造過程における不正な変更等の定期的又は随時の確認」など）。

　しかしながら，維持管理におけるプログラムの更新においても，プログラムの更新にかかる管理措置について，導入におけるリスク管理措置を参考にして適切に実施することが必要と思われます。

7 実践ガイドにおける対策の分類について

　次章より，リスク管理措置における実践ガイドを紹介します。本書では，読者が体系的に理解できるように，以下の4つの観点を設けて対策を分類しています。

観点	主な内容
技術的対策	●ツールの導入・適用による予防的統制や発見的統制の機能・仕組みを実装
物理的対策	●居室等の物理的なアクセス制限（入退室管理等） ●居室等の物理的なアクセス監視（監視カメラの設置等） ●端末・サーバー機器等への物理記憶媒体（USBメモリ等）の接続制限 ●設計書・設備の情報が記載された紙媒体のアクセス制限（施錠管理等） ●設計書・設備の情報が記載された紙媒体のアクセス管理（利用者の記録管理等）
人的対策	●職員^{（※）}の教育（サイバーセキュリティ，コンプライアンス，運用ルール，インシデント対応等） ●職員^{（※）}の訓練（インシデント発生時の訓練，バックアップからの復旧，冗長構成の切替等） ※特定社会基盤事業者，供給者，委託先・再委託先の要員・管理責任者
組織的対策	●体制・ルールの整備，文書化，改善，ルールを守る取り組み，ルールが守れるPDCA ●第三者認定規格の取得や準拠のための遵守状況の確認

（参考資料）

● 個人情報保護委員会「個人情報の保護に関する法律についてのガイドライン（通則編）」

https://www.ppc.go.jp/personalinfo/legal/guidelines_tsusoku/

「10　（別添）講ずべき安全管理措置の内容」

● 内閣サイバーセキュリティセンター（NISC）「重要インフラのサイバーセキュリティ部門におけるリスクマネジメント等手引書」

https://www.nisc.go.jp/pdf/policy/infra/rmtebiki202307.pdf

「11　対策項目」

第 4 章

リスク管理措置の実践ガイド

第4章　リスク管理措置の実践ガイド　**83**

1 リスク管理措置の項目について

1　リスク管理措置の項目一覧

　リスク管理措置は「標題」と「項目」で構成され,「標題」は前述第3章②の基本指針に該当します。導入等計画書へは,「標題」の内容を詳細化した「項目」の単位で記入します。リスク管理措置の各項目の概要は下表のとおりです。

【リスク管理措置の項目一覧】

基本指針	標題	項目		概要
指針①	導入(1)	導入	①-1,2	(第三者による)受入検査等の検証体制の構築,脆弱性検査の実施
			②-1,2	情報セキュリティ要件(最新のセキュリティパッチや不正プログラム対策ソフト等)の実装
			③-1,2	品質保証体制の確立
			④-1,2	開発・製造過程における不正な変更等の定期的又は随時の確認
			⑤-1,2	開発・製造環境への物理的(入退室管理)及び論理的な制御(システムへのアクセス制御)
			⑥	インターネット接続時の不正アクセス防止機能実装,マニュアル整備
			⑦	供給者・導入に携わる者が,設備設置時に不正な変更等を加えることを防止する体制
			⑧-1,2	不正な変更のおそれの原因究明体制の担保
指針②	導入(2)		⑨-1,2	供給者によるサービス保証(故障対応や脆弱性対応等)
			⑩-1,2	サービス保証が受けられなくなった場合の代替手段の検討

指針	フェーズ	区分	番号	内容
指針③	導入（3）		⑪	不正な妨害が行われた場合でも役務の提供を継続できる体制の整備
			⑫	インシデント発生時の対応方針や体制の整備
			⑬	設備に対するアクセスの制御及び不正アクセスの監視の仕組みの実装
指針④	維持管理（1）	維持管理	①	操作ログや作業履歴等の保管や不正な変更の有無の定期的又は随時の確認
			②	最新のセキュリティパッチ適用等の定期的な資産管理
			③	保有している設計書・設備等の情報への物理的（入退室管理）及び論理的な制御（システムへのアクセス制御）
			④	実施環境における物理的（入退室管理）及び論理的な制御（システムへのアクセス制御）
			⑤	サイバーセキュリティ教育
指針⑤	維持管理（2）		⑥	再委託を行う場合における特定社会基盤事業者の承認等
			⑦	再委託を行う場合の委託先と同等のサイバーセキュリティ対策の確保
指針⑥	維持管理（3）		⑧	事業計画等による事業の安定性の確認
指針⑦	導入（4） 維持管理（4）	導入 維持管理	⑭-1,2 ⑨-1,2	過去３年間の国内関連法規及び国際的な基準の違反の確認
指針⑧	導入（5） 維持管理（5）	導入 維持管理	⑮-1,2 ⑩-1,2	外国の法的環境等による契約違反が生じたおそれがある場合の報告義務
		導入	⑯	映像機器の情報の取扱いの適切性確認
		維持管理	⑪	（特定重要設備の設置場所）
指針⑨	導入（6） 維持管理（6）	導入 維持管理	⑰ ⑫	供給者に関する詳細な情報提供の担保

2 リスク管理措置の主な実施者

以下は、リスク管理措置の項目「導入①-1」の一部です（下線・太字は著者）。

> **特定社会基盤事業者は、**特定社会基盤事業者等において、特定重要設備に悪意のあるコード等が混入していないかを確認するための受入検査その他の検証体制が構築されており脆弱性テストが導入までに実施されること**を確認している。**

リスク管理措置の項目部の冒頭と末尾は、基本的に「**特定社会基盤事業者は、**……**を確認している。**」となっています。これは、リスク管理措置が他の事業者から設備の供給を受けたり、維持管理の委託を行うことを前提としているため、特定社会基盤事業者の視点としては、これらの事業者が必要な対策を実施しているかを確認することが求められているためです。なお、特定社会基盤事業者が、自ら対策を行う必要があるリスク管理措置もあります。

また、リスク管理措置の項目には、Ⓧ-1・Ⓧ-2といった枝番が付く場合があります。基本的には、導入においては「リスク管理措置を実施する対象設備」、維持管理においては「リスク管理措置で確認する対策の実施者」に着目して読みわけを行って下さい。なお、後述の実践ガイドにおいては、項目内容を紹介する際に、Ⓧ-1・Ⓧ-2の差分箇所へ網掛けをしています。

導入Ⓧ-1：「特定重要設備」を対象とした対策を実施

導入Ⓧ-2：「構成設備」を対象とした対策を実施

導入Ⓧ：「特定重要設備」を対象とした対策を実施

　　　　（導入⑰は、「特定重要設備及び構成設備」が対象）

維持管理Ⓧ-1：「委託の相手方」が対策を実施

維持管理Ⓧ-2：「再委託の相手方等」が対策を実施

維持管理Ⓧ：「委託の相手方及び再委託の相手方等」が対策を実施

なお、例外的な記載になっている項目もあります。特に注意が必要な項目は以下のとおりです。

導入⑦：「特定重要設備の供給者及び特定重要設備の導入に携わる者」とあり，導入に携わる者も対象

維持管理②：他の維持管理におけるリスク管理措置と異なり，委託の相手方等に対する確認ではなく，「特定重要設備及び構成設備の状況」が対象

導入⑯・維持管理⑪：「重要維持管理等を実施する場所（特定重要設備を設置し又は使用する場所）」が対象

内閣府パンフレットにおいて，「措置を行うことが主に想定される方」について紹介されています。以下に表形式で整理しましたので，参考にしてください。

【特定重要設備の導入におけるリスク管理措置を主に行う方】

導入		特定重要設備の供給者が対象	構成設備の供給者が対象	特定社会基盤事業者が自ら対応	（参考）バイパス報告対象
①	-1	●	—	●	—
	-2	—	●	●	●
②	-1	●	—	—	—
	-2	—	●	—	●
③	-1	●	—	—	—
	-2	—	●	—	●
④	-1	●	—	—	—
	-2	—	●	—	●
⑤	-1	●	—	—	—
	-2	—	●	—	●
⑥		—	—	●	—
⑦		●※	—	—	—
⑧	-1	●	—	—	—
	-2	—	●	—	●
⑨	-1	●	—	—	—
	-2	—	●	—	●

維持管理	重要維持管理等の委託の相手方が対象	重要維持管理等の再委託の相手方等が対象	特定社会基盤事業者が自ら対応	（参考）バイパス報告対象
⑩ －1	●	—	●	—
⑩ －2	—	●	●	●
⑪	—	—	●	—
⑫	—	—	●	—
⑬	●	—	●	—
⑭ －1	●	—	—	—
⑭ －2	—	●	—	●
⑮ －1	●	—	—	—
⑮ －2	—	●	—	●
⑯	—	—	●	—
⑰	●	●	—	—

※導入⑦は，導入に携わる者も対象

【重要維持管理等の委託におけるリスク管理措置を主に行う方】

維持管理	重要維持管理等の委託の相手方が対象	重要維持管理等の再委託の相手方等が対象	特定社会基盤事業者が自ら対応	（参考）バイパス報告対象
①	●	●	—	●
②	—	—	●	—
③	●	●	—	●
④	●	●	—	●
⑤	●	●	—	●
⑥	●	●	●	—
⑦	●	●	—	—
⑧	●	—	●	●
⑨ －1	●	—	—	—
⑨ －2	—	●	—	●
⑩ －1	●	—	—	●
⑩ －2	—	●	—	●
⑪	—	—	●	—
⑫	●	●	—	—

3　リスク管理措置の実践ガイドの記載例

　次節より，実践ガイドを紹介します。リスク管理措置の項目ごとに「項目の内容」「内閣府共通解説」「実践ガイド」の3部構成になっています。それぞれ，ポイントとなる箇所に下線を引いています。「項目の内容」における網掛け部は，項目に枝番がある場合の⊗-1と⊗-2の差分になる箇所です。

　「実践ガイド」は，対策内容別に【対策名】で区分けし，技術的対策・物理的対策・人的対策・組織的対策別にご紹介します。なお，契約等による担保などの対策が内容となる場合，関係者の立場を明確にするため，対策を⊗-1と⊗-2に分けて記載した項目があります。

（参考）実践ガイドの記載例 --

●項目の内容

> ①-1　特定社会基盤事業者は，特定社会基盤事業者等において，特定重要設備に悪意のあるコード等が…
>
> ①-2　特定社会基盤事業者※1は，特定社会基盤事業者又は特定重要設備の供給者等において，構成設備に悪意のあるコード等が…

●内閣府共通解説

> 【解説】
> ・「悪意のあるコード等が混入」とは，…
>
> 【確認書類例】
> ・脆弱性診断等の実施内容及び実施状況が…

●実践ガイド

【悪意のあるコード等の混入対策】

（A）技術的対策：

1．機能を停止又は低下するような設計書や仕様書に…

（B）物理的対策：対象無し

（C）人的対策：対象無し

（D）組織的対策：

（A)-1,2及び以下について，ルールを規定し，…

　また，第4章①2で述べたとおり，リスク管理措置の項目部の冒頭と末尾は，「特定社会基盤事業者は，…を確認している。」となっています。文章中の「…」部は，「誰が／何に対して／何を実施する」という構成になっています。本実践ガイドでは「…」部に着目して，対策内容を紹介します。冒頭と末尾の「特定社会基盤事業者は，…を確認している。」部分については，前提事項として，実践ガイドとしての記載を基本的に省略しています。読者の皆さんそれぞれの立場に応じて，必要な対策を確認して下さい。

【実践ガイド活用時の前提】

項目		本書の読者	読者の立場／視点	実践ガイド活用時の前提
導入	⊗-1 特定重要設備に対する確認	特定社会基盤事業者	自身で特定重要設備を製造する場合	—
			特定重要設備の供給者が製造する場合	同供給者の対策実施確認 or 契約担保
		特定重要設備の供給者	—	本書の対策を実施
	⊗-2 構成設備に対する確認	特定社会基盤事業者	自身で特定重要設備を製造する場合	構成設備の供給者の対策実施確認 or 契約担保
			特定重要設備の供給者が製造する場合	特定重要設備の供給者を通じて確認
		特定重要設備の供給者	—	構成設備の供給者の対策実施確認 or 契約担保
維持管理	⊗-1 委託の相手方に対する確認	特定社会基盤事業者	自身で重要維持管理を実施する場合	—
			委託の相手方が重要維持管理を行う場合	委託の相手方の対策実施確認 or 契約担保

			本書の対策を実施
⊗-2 再委託の相手方 等に対する確認	重要維持管理の委託の 相手方	—	本書の対策を実施
	特定社会基盤事業者	自身で重要維持管理 を実施する場合	—
		委託の相手方が重要 維持管理を行う場合	委託の相手方を通じて確認
	重要維持管理の委託の 相手方	—	再委託の相手方等の対策実施 確認 or 契約担保

2　リスク管理措置：基本指針① 【導入（1）】

1　導入①-1,2：（第三者による）受入検査等の検証体制の構築，脆弱性検査の実施

● 項目の内容

①-1　特定社会基盤事業者は，特定社会基盤事業者等において，特定重要設備に悪意のあるコード等が混入していないかを確認するための受入検査その他の検証体制が構築されており脆弱性テストが導入までに実施されること※を確認している。

※　当該特定重要設備の供給者及び当該特定重要設備の構成設備の供給者によって実施されるものを除く。

①-2　特定社会基盤事業者[1]は，特定社会基盤事業者又は特定重要設備の供給者等において，構成設備に悪意のあるコード等が混入していないかを確認するための受入検査その他の検証体制が構築されており脆弱性テストが導入までに実施されること[2]を確認している。

※1　特定重要設備の供給者を通じて確認している場合も含む。

※2　当該構成設備の供給者によって実施されるものを除く。

第4章　リスク管理措置の実践ガイド　**91**

● **内閣府共通解説**

【解説】

・「悪意のあるコード等が混入」とは，特定重要設備及び構成設備（以下「特定重要設備等」という。）の機能を停止又は低下するような設計書や仕様書に含まれていない意図していない機能が組み込まれることを指します。

・「受入検査その他の検証体制が構築されており脆弱性テストが導入までに実施される」とは，特定重要設備が役務の用に供される時点までに，脆弱性診断（ソースコード診断，プラットフォーム診断，ウェブアプリケーション診断等）やペネトレーションテスト等を実施することが考えられます。

・構成設備が複数ある場合は，チェックリストの項目に記載のあるリスク管理措置を講じている，またはその項目と同等のリスク管理を実施している構成設備の「種類」と「名称」を，備考欄に明記してください。（以下の構成設備に関する項目においても同様です。）

・なお，本項目においては，特定重要設備等の供給者が自ら行うものではなく，第三者による受入検査及び脆弱性テストの客観性を担保することが重要であるとの観点から，特定重要設備等の供給者以外の第三者によって実施する措置を具体的な措置の内容として規定しています。そのため，特定重要設備等の供給者が，受入検査や脆弱性テスト等を第三者に委託して実施させるものは，特定重要設備における「当該特定重要設備の供給者及び当該特定重要設備の構成設備の供給者によって実施されるもの」や構成設備における「当該構成設備の供給者によって実施されるもの」には含まれず，本項目で求める措置に該当します。

【確認書類例】

・脆弱性診断等の実施内容及び実施状況が確認できる書類（実施予定の場

合は今後実施する脆弱性診断等の実施内容及び今後確実に実施すること
が確認できる契約書等の書類)

● 実践ガイド

【悪意のあるコード等の混入対策】

（A）技術的対策：

1. 機能を停止又は低下するような設計書や仕様書に含まれていない意図していない機能（下記①及び②）が組み込まれていないことをツール等を用いて確認する。

①セキュリティ脆弱性のあるコード

②設計書・仕様書に含まれていないコード（バックドアなど）

2. SAST（静的アプリケーションセキュリティテスト）ツール等を用いて定期的に悪意あるコード等の自動点検を実施する（目視レビューのみでは，ソースコード全量を精密にレビューすることは現実的ではない。また，難読化された悪意のあるコード等を見過ごす可能性がある）。

（B）物理的対策：対象無し

（C）人的対策：対象無し

（D）組織的対策：

（A）-1,2及び以下について，ルールを規定し，品質管理部門等の第三者が定期的に遵守状況を確認する。

※構成設備の供給者の実施状況は，特定重要設備の供給者を通じて確認してもよい。

1. 製造工程（開発工程を含む。）において，特定重要設備等に「機能を停止又は低下するような設計・仕様に含まれていない機能の混入」がないかを確認するために，ソースコードレビュー及びSASTツール等による点検を全量，網羅的に実施できる状態にする。

2. ソースコードレビューについては，ソースコードの実装者ではない者が設計書・仕様書等とソースコードを突合チェックして，確認・承認する。

３．SASTツール等による点検において，特定重要設備等の供給者ではない第三者が，問題の有無及び問題がある場合の対応についての検証体制を構築する。

４．OSS（オープンソースソフトウェア）の調達に当たり，脆弱性データベース等（例：CVE，Common Vulnerabilities and Exposures）から客観的な脆弱性スコア・情報を参照し，受入の可否を判断する。

【脆弱性テストの実施】

（A）技術的対策：

１．特定重要設備等の導入までに，「機能を停止又は低下するような設計・仕様に含まれていない機能の混入」がないかを確認するために，脆弱性診断（ソースコード診断，プラットフォーム診断，ウェブアプリケーション診断等）やペネトレーションテスト等を実施する。

（B）物理的対策：対象無し

（C）人的対策：対象無し

（D）組織的対策：

　（A）-１及び以下について，ルールを規定し，品質管理部門等の第三者が定期的に遵守状況を確認する。

　※構成設備の供給者の実施状況は，特定重要設備の供給者を通じて確認してもよい。

１．（A）-１について，脆弱性診断の結果における重要度の高い指摘は，特定重要設備等の導入までに是正し，特定重要設備等の診断実施者等（供給者ではない第三者）から承認を受ける。

２．（A）-１について，脆弱性診断の結果において対策しない指摘は，特定重要設備等の導入までに対策しない場合の見解（対策しない場合のリスクの捉え方，リスクの軽減策，対策先送りの場合の対応期限等）を説明し，特定重要設備等の診断実施者等（供給者ではない第三者）から承認を受ける。

2 導入②-1,2：情報セキュリティ要件（最新のセキュリティパッチや不正プログラム対策ソフト等）の実装

● 項目の内容

②-1 特定社会基盤事業者は，特定重要設備の供給者が特定社会基盤事業者によって調達時に指定された情報セキュリティ要件（特定重要設備に最新のセキュリティパッチが適用されているか否か，不正プログラム対策ソフトウェアを最新化しているか否か等）を導入までに実装することを確認している。

②-2 特定社会基盤事業者※は，構成設備の供給者が特定社会基盤事業者又は特定重要設備の供給者によって調達時に指定された情報セキュリティ要件（構成設備に最新のセキュリティパッチが適用されているか否か，不正プログラム対策ソフトウェアを最新化しているか否か等）を導入までに実装することを確認している。

※ 特定重要設備の供給者を通じて確認している場合も含む。

● 内閣府共通解説

【解説】
・「特定社会基盤事業者によって調達時に指定された情報セキュリティ要件」を満たしているかという項目です。

【確認書類例】
・ISO/IEC15408に基づく第三者認証取得などの情報セキュリティ要件（特定重要設備等に最新のセキュリティパッチが適用されているか否か，不正プログラム対策ソフトウェア等が最新の定義ファイルに対応しているか否か等）に関する試験実施手順及び試験結果などの実装がされている又は今後実装されることが確認できる書類（目次など，概要の分かる

第4章　リスク管理措置の実践ガイド　**95**

> もので良い）
>
> ・情報セキュリティ要件の内容及び導入までに情報セキュリティ要件が実装されることを確認できる契約書

● **実践ガイド**

【情報セキュリティ要件を定義】

（A）技術的対策：対象無し

（B）物理的対策：対象無し

（C）人的対策：対象無し

（D）組織的対策：

　以下について，品質管理部門等の第三者が遵守状況を確認する。

　※構成設備の供給者の実施状況は，特定重要設備の供給者を通じて確認してもよい。

1．特定重要設備等の<u>調達にあたっては，情報セキュリティ要件を定める。</u>

【情報セキュリティ要件を実装しているかの確認】

（A）技術的対策：

　※（A）-1,2は特定重要設備等及び製造環境（開発環境を含む。）の両方が対象。（A）-3は特定重要設備等が対象，（A）-4は製造環境（開発環境を含む。）が対象。

1．<u>特定重要設備等の情報資産を一覧にまとめた「情報資産目録」を不正プログラム対策ソフトウェアも含めて作成し，資産管理ソフトウェア等を活用して，種類やバージョン等を一覧化する。</u>

2．<u>脆弱性スキャンツール等を活用し，一覧化した情報資産目録のバージョンや脆弱性を定期的にチェックする。</u>

3．特定重要設備及び構成設備について，最新のセキュリティパッチを適用するなどして最新の状態に保つ。

4．不正プログラム対策ソフトウェア（CI（継続的インテグレーション）／CD（継続的デリバリー）パイプラインと連携するSASTツールや脆弱性スキャ

ンツール等）を最新の状態に保つ。

（Ｂ）物理的対策：対象無し

（Ｃ）人的対策：対象無し

（Ｄ）組織的対策：

（Ａ）-1,2,3,4及び以下について，ルールを規定し，品質管理部門等の第三者が定期的に遵守状況を確認する。

※構成設備の供給者の実施状況は，特定重要設備の供給者を通じて確認してもよい。

1．製造工程（開発工程を含む。）において，情報セキュリティ要件を実装及び確認するためのルールを規定し，セキュリティ基準の一貫性と効果性を保証する。

2．アップデートファイルや最新のセキュリティパッチ等が適用され，最新の状態に保たれていることを定期的に確認する。

3　導入③-1,2：品質保証体制の確立

● 項目の内容

③-1　特定社会基盤事業者は，特定重要設備の供給者が，特定重要設備の製造工程（開発工程を含む。）において信頼できる品質保証体制を確立していることを確認している。

③-2　特定社会基盤事業者※は，構成設備の供給者が，構成設備の製造工程（開発工程を含む。）において信頼できる品質保証体制を確立していることを確認している。

※　特定重要設備の供給者を通じて確認している場合も含む。

● 内閣府共通解説

【解説】

・「信頼できる品質保証体制」とは，特定重要設備等の製造工程（開発工

程を含む。）において特定社会基盤事業者の意図しない変更が行われないことを保証する管理体制のことを指します。

・「信頼できる品質保証体制」の担保の一例としては，ISO9001等の第三者による国際規格を取得すること等が考えられます。

【確認書類例】

・信頼できる品質保証体制が確立されていることが確認できる証明書や契約書などの書類※

※　ISO9001の国際規格を取得していることを示す書類を含む。

● **実践ガイド**

【意図しない変更が行われないことを保証するためのルールと体制】

（A）技術的対策：対象無し

（B）物理的対策：対象無し

（C）人的対策：対象無し

（D）組織的対策：

※構成設備の供給者の実施状況は，特定重要設備の供給者を通じて確認してもよい。

1．製造工程（開発工程を含む。）において意図しない変更が行われないことを保証するために，ルール（規程や手順）と，実際に運用するための体制（責任・権限の体系）を規定する。

具体的な施策は，以下の項目を参照する。

導入①-1,2：（第三者による）受入検査等の検証体制の構築，脆弱性検査の実施

導入②-1,2：情報セキュリティ要件（最新のセキュリティパッチや不正プログラム対策ソフト等）の実装

導入④-1,2：開発・製造過程における不正な変更等の定期的又は随時の確認

【第三者による品質保証体制の確認】

（A）技術的対策：対象無し

（B）物理的対策：対象無し

（C）人的対策：対象無し

（D）組織的対策：

　※構成設備の供給者の実施状況は，特定重要設備の供給者を通じて確認してもよい。

1．ISO9001等の第三者による国際規格を取得，若しくは以下に挙げる事項に係る外部監査の結果等を確認する。

　a．製造工程（開発工程を含む。）において品質を管理するためのルールを規定している。

　b．製造工程（開発工程を含む。）において品質を管理するための体制において，役割と権限を明確にしている。

4　導入④-1,2：開発・製造過程における不正な変更等の定期的又は随時の確認

● 項目の内容

④-1　特定社会基盤事業者は，特定重要設備の供給者が，特定重要設備の製造工程（開発工程を含む。）における不正な変更の有無について，定期的又は随時に確認を行うことを確認している。

④-2　特定社会基盤事業者※は，構成設備の供給者が，構成設備の製造工程（開発工程を含む。）における不正な変更の有無について，定期的又は随時に確認を行うことを確認している。

※　特定重要設備の供給者を通じて確認している場合も含む。

第4章　リスク管理措置の実践ガイド　**99**

● **内閣府共通解説**

【解説】

・「不正な変更」とは，不正プログラムを含む，特定社会基盤事業者が予期しない又は好ましくない特性を組み込むことを指します。

・「定期的又は随時に確認」とは，

―特定重要設備等の製造環境（開発環境を含む。）にアクセス可能な従業員が適切に制限され，定期点検等が行われていること

―製造工程（開発工程を含む。）の履歴が記録された上で，アクセス可能な従業員以外のアクセスなどの不正なアクセスがないことを定期的又は随時に確認が行われていること等が考えられます。

【確認書類例】

・製造工程（開発工程を含む。）における不正な変更の有無について定期的な確認を行う際のマニュアル（目次など，概要の分かるもので良い）

・製造工程（開発工程を含む。）における不正な変更の有無について定期的又は随時に確認を行うことが分かる契約書

● **実践ガイド**

【製造工程（開発工程含む。）における不正な変更の有無の確認】

（A）技術的対策：

1．特定重要設備等へのビルド作業はCI/CDパイプライン等の仕組みによって人手を介さず自動で実施され，製造工程（開発工程を含む。）に不正な変更が行われないようにする。

2．CI/CDパイプライン等の仕組みは，各実行作業で最小権限の認証情報を付与する。

（B）物理的対策：対象無し

（C）人的対策：対象無し

（D）組織的対策：

（A)-1,2及び以下について，ルールを規定し，品質管理部門等の第三者が定期的に遵守状況を確認する。

※構成設備の供給者の実施状況は，特定重要設備の供給者を通じて確認してもよい。

1．「導入⑤-1,2：開発・製造環境への物理的（入退室管理）及び論理的な制御（システムへのアクセス制御）」を参照し，製造工程（開発工程含む。）に係わる環境に適した物理・論理的統制を実施する。自らのリスク評価によって，対象範囲と確認頻度や確認者等を定め，文書化する。

2．製造工程（開発工程を含む。）に係わる環境へのアクセス経路を制限する。

3．製造工程（開発工程を含む。）に係わる通信ログ・アクセスログ・操作ログ・操作履歴，バージョン管理システムの変更履歴（コードリポジトリのコミットログ等）について，不正アクセス（アクセス可能な従業員外からのアクセス，従業員が担当外の成果物を変更等）を追跡確認できる状態にする。

4．製造工程（開発工程を含む。）に係わる環境へアクセスする場合の，認証ログと認証成功後の操作に基づく認可ログを追跡確認できる状態にする。

5．製造工程（開発工程を含む。）に係わるログ（アクセスログ・操作履歴・認証ログ・認可ログ等）を定期的又は随時に確認する。

6．不正プログラムを含む，予期しない・好ましくない特性を組み込もうとするような不正な変更の有無を，コードの実装者ではない者が確認・承認する。その際，実装者が担当外の成果物を変更していないことも確認する。

5 導入⑤-1,2：開発・製造環境への物理的（入退室管理）及び論理的な制御（システムへのアクセス制御）

● 項目の内容

⑤-1 特定社会基盤事業者は，特定重要設備の供給者が特定重要設備の製造環境（開発環境を含む。）において，定められた要員以外がアクセスできないよう，アクセス可能な要員を物理的（監視カメラ等の入退室

管理等）かつ論理的（データやシステム等へのアクセス制御）に適切に制限することを確認している。

⑤-2　特定社会基盤事業者※は，構成設備の供給者が構成設備の製造環境（開発環境を含む。）において，定められた要員以外がアクセスできないよう，アクセス可能な要員を物理的（監視カメラ等の入退室管理等）かつ論理的（データやシステム等へのアクセス制御）に適切に制限することを確認している。

※　特定重要設備の供給者を通じて確認している場合も含む。

● 内閣府共通解説

【解説】

・特定重要設備等の製造環境においては，製造に携わる供給者の従業員等（「アクセス可能な要員」）以外の者がアクセスできないようにすることは重要です。このため以下の対策を取ることが考えられます。

1．アクセス可能な要員の制限について

　―特定重要設備等の製造環境にアクセス可能な要員を名簿で管理することに加えて，2．及び3．の制限によって，アクセス可能な要員以外の要員がアクセスできないようにする。

2．物理的な制限について

　―特定重要設備等の供給者は，特定重要設備等の製造環境において以下の観点を含む対策を講じることが考えられる。

　　㋐　許可されていない者が容易に立ち入ることができないようにするための，施錠可能な扉，間仕切り等の施設の整備や設備の設置等の物理的な対策

　　㋑　許可されていない者の立入りを制限するため及び立入りを許可された者による立入り時の不正な行為を防止するための入退管理対策

（参考）考えられる対策の例

　具体的には，要管理対策区域[*1]の範囲を定め，要管理対策区域の管理のために，以下の(1)～(5)の全ての対策若しくはそれに相当する対策を取ることが考えられる。

(1)　要管理対策区域への立入りを許可されていない者の立入り等を防止するために，壁，常時施錠された扉，固定式のパーティション等強固な境界で他の区域と明確に区分すること。

(2)　要管理対策区域へ許可されていない者が立ち入らないように，立ち入る者が許可された者であることの確認を行うための措置を講ずること。

(3)　要管理対策区域への立入りを許可されていない者に，不必要に情報を与えないために，区域の外側から内部の重要な情報や情報システムが見えないようにすること。

(4)　要管理対策区域に一時的に立ち入った者が不正な行為を行うことを防止するために，一時的に立ち入った者を放置しないなどの措置を講ずること。業者が作業を行う場合は立会いや監視カメラ等により監視するための措置を講ずること。

(5)　要管理対策区域に不正に立ち入った者を容易に判別することができるように，以下を含む措置を講ずること。

　　―要管理対策区域へのアクセス権を有する要員は他の要員との識別が可能な身分証明書等を着用・明示する

　　――時的に立ち入った者に，立入りの記録として立ち入った者の氏名及び所属，立入りの目的，立入り及び退出の時刻を記録して定期的に確認できる状態としたうえで，入館カード等を貸与し，着用，明示させる。この際，一時的に立ち入った者と継続的に立入りを許可された者に貸与する入館カード等やそれと併せて貸与するストラップ等の色分けを行う。また，悪用防止の

ために一時的に立ち入った者に貸与したものは，退出時に回収する。

> ＊1：特定重要設備等の供給者の管理下にある製造環境（特定重要設備等の供給者が外部の組織から借用している施設等における製造環境を含む。）であって，特定重要設備等に対して不正な行為が行われないようにするために，対策が必要な区域をいう。

3．論理的な制限について

　特定重要設備等の供給者は，以下の対策を講じることが考えられます。

　(1)　主体認証機能の導入

　　(ア)　特定重要設備等の製造に関する情報システムへのアクセス主体を特定し，それが正当な主体であることを検証する必要がある場合，主体の識別及び主体認証を行う機能を設けること。

　　(イ)　主体認証を行う特定重要設備等の製造に関する情報システムにおいて，主体認証情報の漏えい等による不正行為を防止するための措置及び不正な主体認証の試行に対抗するための措置を講ずること。

　(2)　識別コード及び主体認証情報の管理

　　(ア)　特定重要設備等の製造に関する情報システムにアクセスする全ての主体に対して，識別コード及び主体認証情報を適切に付与し，管理するための措置を講ずること。

　　(イ)　主体が特定重要設備等の製造に関する情報システムにアクセスする必要がなくなった場合は，当該主体の識別コード及び主体認証情報の不正な利用を防止するための措置を速やかに講ずること。

（参考）考えられる対策の例

　具体的には，以下の(1)・(2)の全ての対策若しくはそれに相当する対策を取ることが考えられる。

(1)

(ア) 特定重要設備等の製造に関する情報システムへのアクセス主体を特定し，主体の識別及び多要素主体認証方式による主体認証を行う機能を設けること。多要素主体認証方式においては，①知識（強固なパスワード等のアクセスを可能にする従業員である利用者本人のみが知りえる情報），②所有（電子証明書を格納するICカードや利用者本人のみが所有する機器等）又は③生体（指紋や静脈等，本人の生体的な特徴）による認証のうち，2つ以上の主体認証を用いること。

(イ) 主体認証を行う特定重要設備等の製造に関する情報システムにおいて，主体認証情報の漏えい等による不正行為を防止するために，以下のような措置及び不正な主体認証の試行に対抗するための措置を講ずること。

① 主体認証を行う特定重要設備等の製造に関する情報システムにおいて，主体認証情報が第三者に対して明らかにならないよう，主体認証情報を送信又は保存する場合には，その内容の暗号化や主体認証情報に対するアクセス制限を含む方法を用いて適切に管理すること。

② 主体認証を行う特定重要設備等の製造に関する情報システムにおいて，主体認証情報を他の主体に不正に利用され，又は利用されるおそれを認識した場合の対策として，当該主体認証情報及び対応する識別コードの利用を停止する機能や主体認証情報の再設定を利用者に要求する機能などを設けること。

(2)

(ア) 特定重要設備等の製造に関する情報システムにアクセス可能とする全ての主体に対して，暗号化を施した電子メールでの送付など安全な方法で識別コード及び主体認証情報を適切に付与

し，管理するための措置を講ずること。

　　（イ）　主体が特定重要設備等の製造に関する情報システムへアクセ
　　　　スする必要がなくなった場合は，当該主体の識別コード及び主
　　　　体認証情報の不正な利用を防止するために，識別コードの無効
　　　　化などの措置を速やかに講ずること。

【確認書類例】
・アクセス可能な従業員等を把握し，適切に物理的・論理的に制限してい
　ることが分かるマニュアル（目次など，取組の概要が分かるものでよい）
　や契約書

●実践ガイド

【アクセス可能な要員の制限】

（A）技術的対策：対象無し

（B）物理的対策：対象無し

（C）人的対策：対象無し

（D）組織的対策：

　以下について，ルールを規定し，品質管理部門等の第三者が定期的に遵守状
況を確認する。

　※構成設備の供給者の実施状況は，特定重要設備の供給者を通じて確認してもよい。

1．特定重要設備等の製造環境へアクセス可能な要員について，名簿を管理す
　　る。

2．役職員の異動や入退職，メンバーの入れ替え等があった場合，それに伴う
　　名簿の更新を遅滞なく実施する。

3．役職員の異動等に伴う名簿の更新が適切に行われていること，また，役職
　　や職務に応じた権限になっていることについて，定期的に確認する。

【物理的な制限】

（A）技術的対策：対象無し

（B）物理的対策：

1．特定重要設備等に対して不正な行為が行われないようにするために，特定
　重要設備等の製造環境に関する居室等に関して，対策が必要な区域を定める。

2．特定重要設備等の製造環境に関する居室等は，不正な入室を防止するため
　の物理的な設備（施錠可能な扉・間仕切り等）を設置する。

3．許可されていない者の立入りを制限するため及び立入りを許可された者に
　よる立入り時の不正な行為を防止するために，監視カメラ等を設置して入退
　管理対策を実施する。

（C）人的対策：対象無し

（D）組織的対策：

　（B）-1,2,3について，ルールを規定し，品質管理部門等の第三者が定期的に
遵守状況を確認する。

　※構成設備の供給者の実施状況は，特定重要設備の供給者を通じて確認してもよい。

【論理的な制限】

（A）技術的対策：

1．特定重要設備等の製造に関する情報システム（端末・ネットワーク等を含
　む。）において，それらにアクセス可能な人員を認証する仕組みとして，ユー
　ザ認証機能を設ける。

2．（A）-1のユーザ認証機能について，なりすまし等の内部犯行を防止する
　ために，多要素認証を設ける。

3．（A）-1,2のユーザ認証機能及び多要素認証について，パスワードを利用す
　る際は，不正な認証の試行に対抗する措置を講じるために，適切なパスワー
　ドポリシー（パスワード長，複雑さ，再利用制限，更新期間等）を設ける。

4．（A）-1,2のユーザ認証機能及び多要素認証について，認証情報（識別コー
　ド及び主体認証情報）の漏えい等の不正行為を防止するために，暗号化やア

クセス制限を含む方法を用いて適切に管理する。

5．（A）-1,2のユーザ認証機能及び多要素認証について，認証情報（識別コード及び主体認証情報）が不正に利用され，又は利用されるおそれを認識した場合において，認証を停止する機能や認証情報の再設定をユーザに要求する機能等を設ける。

6．特定重要設備等の製造に関する情報システム（端末・ネットワーク等を含む。）において，それらに対するアクセスについては，アクセス可能な人員のアクセス権限がそれぞれ最小権限となるようなアクセス制御の仕組みを設ける。

7．特定重要設備等の製造環境に関する情報システムにおいて，リモートアクセスを利用して製造に関わる業務（作業）を行う場合は，そのリモートアクセスについて，アクセス可能な要員のみとし，各要員のアクセス権限が最小権限となるようにアクセスを制限する。また，そのためのユーザ認証機能を設ける。

（B）物理的対策：対象無し

（C）人的対策：対象無し

（D）組織的対策：

（A）-1,2,3,4,5,6,7及び以下について，ルールを規定し，品質管理部門等の第三者が定期的に遵守状況を確認する。

※構成設備の供給者の実施状況は，特定重要設備の供給者を通じて確認してもよい。

1．（A）-1,2のユーザ認証機能，多要素認証の運用において，アクセス可能な人員に対して認証情報（識別コード及び主体認証情報）を安全な方法で適切に付与し，管理するための措置を講ずる。

2．特定重要設備等の製造環境に関する情報システムにおいて，異動や入退職に伴うアクセス可能な要員に変更があった場合，【アクセス可能な要員の制限】の（D）-1,2,3にある名簿の更新とともに，ユーザ認証機能やアクセス制御の機能の更新について，対応期限（数営業日が目途）を定め，可及的速やかに実施する。

6 導入⑥：インターネット接続時の不正アクセス防止機能実装，マニュアル整備

●項目の内容

⑥　特定社会基盤事業者は，特定重要設備をインターネット回線と接続する場合には，特定重要設備に，不正なアクセス等を防ぐための機能を実装し，その利用マニュアル・ガイダンス等を自ら適切に整備・実施している。

●内閣府共通解説

【解説】

・「特定重要設備に，不正なアクセス等を防ぐための機能を実装」とは，以下の(1)・(2)の内容を踏まえた情報セキュリティ要件を特定重要設備の供給者内の通信回線に，インターネット回線や公衆通信回線等の特定重要設備の供給者外の通信回線を接続する場合に整備すること等が考えられます。

(1)　以下の事項を含む特定重要設備の情報セキュリティ要件を策定すること。

　　(ア)　特定重要設備に組み込む主体認証，アクセス制御，権限管理，ログ管理，暗号化機能等のセキュリティ機能要件

　　(イ)　特定重要設備運用時の監視等の運用管理機能要件（監視するデータが暗号化されている場合は，必要に応じて復号すること）

　　(ウ)　特定重要設備に関連する脆弱性についての対策要件

(2)　インターネット回線と接続する特定重要設備を構築する場合は，接続するインターネット回線を定めた上で，標的型攻撃を始めとするインターネットからの様々なサイバー攻撃による機能停止，不正操作，情報の漏えい，改ざん等のリスクを低減するための多重防御のための

情報セキュリティ要件を策定すること。

・「利用マニュアル・ガイダンス等を自ら整備・実施」とは，例えば，<u>適切なアクセス制御によって，限定された要員のみが，当該特定重要設備の操作等に従事することを担保するマニュアル・ガイダンス等を整備・実施する</u>ことが考えられます。

【確認書類例】
・特定重要設備の情報セキュリティ要件の内容が分かる契約書（目次など，概要の分かる資料でよい）
・適切なアクセス制御が行われていることが分かるマニュアル（目次など，概要の分かる資料でよい）

● **実践ガイド**

【不正なアクセス等を防ぐための情報セキュリティ要件の策定】

※以下については特定重要設備をインターネット回線や公衆通信回線等に接続する場合に措置を検討する。

（A）技術的対策：対象無し

（B）物理的対策：対象無し

（C）人的対策：対象無し

（D）組織的対策：

以下を要件定義工程で規定し，品質管理部門等の第三者が遵守状況を確認する。

1．<u>特定重要設備に組み込む主体認証，アクセス制御，権限管理，ログ管理，暗号化機能等の情報セキュリティ要件を明記する。</u>

2．<u>特定重要設備における運用監視等の運用管理機能要件を明記する。</u>監視するデータが暗号化されている場合は，必要に応じて復号する。

3．<u>特定重要設備に関連する脆弱性について，セキュリティパッチの適用ルー</u>

ル，脆弱性スキャンツールの定期点検ルール，導入までに実施する脆弱性診断等について対策要件を明記する。

【不正なアクセス等を防ぐための機能の実装】

　※以下については特定重要設備をインターネット回線や公衆通信回線等に接続する場合に措置を検討する。

（A）技術的対策：

1．【不正なアクセス等を防ぐための情報セキュリティ要件の策定】（D)-1で決めた情報セキュリティ要件を実装する。

2．【不正なアクセス等を防ぐための情報セキュリティ要件の策定】（D)-2で決めた運用管理機能要件を実装する。

3．【不正なアクセス等を防ぐための情報セキュリティ要件の策定】（D)-3で決めた要件のうち，実装が必要なものはその対応を行う。

（B）物理的対策：対象無し

（C）人的対策：対象無し

（D）組織的対策：

　以下を要件定義工程で規定し，品質管理部門等の第三者が遵守状況を確認する。

1．（A)-1,2,3について，【不正なアクセス等を防ぐための情報セキュリティ要件の策定】で定めた要件に基づいて実装されていることを確認する。

【不正なアクセス等を防ぐための整備・実施】

　※以下については特定重要設備をインターネット回線や公衆通信回線等に接続する場合に措置を検討する。

（A）技術的対策：対象無し

（B）物理的対策：対象無し

（C）人的対策：対象無し

（D）組織的対策：

以下を要件定義工程で規定し，品質管理部門等の第三者が遵守状況を確認する。

1．インターネットからの様々なサイバー攻撃に対する多重防御のための情報セキュリティ要件を策定する。
2．内部統制（特定重要設備を適切なアクセス制御によって，限定された要員のみが，当該特定重要設備の操作等に従事することを担保する）のためのマニュアル・ガイダンス等を整備・実施する。

7　導入⑦：供給者・導入に携わる者が，設備設置時に不正な変更等を加えることを防止する体制

● 項目の内容

> ⑦　特定社会基盤事業者は，特定重要設備の供給者及び特定重要設備の導入に携わる者が，特定重要設備の設置等に際して不正な変更を加えることを防止する体制を確立していることを確認している。

● 内閣府共通解説

【解説】
・「不正な変更を加えることを防止する体制」としては，特定重要設備の導入までの間に，不正な変更を防ぐために，
① 当該設備に対してアクセス可能な従業員等が適切に物理的・論理的に制限されていること
② 当該設備にアクセスする場合の操作ログや作業履歴等の保管に関する手順及びその確認に関する手順が定められており，ログや遵守状況の確認等により不正な変更の有無を定期的又は随時に確認すること
といった対策が取られていることが考えられます。

【確認書類例】

・実施している対策内容が分かるマニュアル（目次など，取組の概要が分かるものでよい。）や契約書

● **実践ガイド**

【特定重要設備の設置等に際して不正な変更を加えることを防止する体制】

（A）技術的対策：

1．特定重要設備の設置はCI/CDパイプライン等の仕組みによって人手を介さず自動で実施され，特定重要設備に不正な変更が行われないようにする。

2．CI/CDパイプライン等の仕組みは，各実行作業で最小権限の認証情報を付与する。

（B）物理的対策：

1．特定重要設備とそれ以外の環境を物理的（居室等）および論理的（ネットワーク・情報システム）に分離する。

（C）人的対策：対象無し

（D）組織的対策：

（A)-1,2，（B)-1及び以下について，ルールを規定し，品質管理部門等の第三者が定期的に遵守状況を確認する。

1．「導入⑤-1,2：開発・製造環境への物理的（入退室管理）及び論理的な制御（システムへのアクセス制御）」の各施策を参照し，特定重要設備に適した物理・論理的統制を実施する。自らのリスク評価によって，対象範囲と確認頻度や確認者等を定め，文書化する。

2．特定重要設備へのアクセス経路を制限する。

3．特定重要設備の設置等に係わる通信ログ・アクセスログ・操作ログ・操作履歴について，不正アクセス（アクセス可能な従業員外からのアクセス，従業員が担当外の変更等）を追跡確認できる状態にする。

4．特定重要設備の設置等に係わるアクセスに関する認証ログと認証成功後の

第 4 章　リスク管理措置の実践ガイド　**113**

操作に基づく認可ログを追跡確認できる状態にする。

5．特定重要設備の設置等に係わるログ（アクセスログ・操作履歴・認証ログ・認可ログ等）を定期的又は随時に確認する。

6．特定重要設備の設置等に際して手動作業が必要な場合，作業手順を文書化して作業証跡を残す。作業の実施に際しては，再鑑体制による不正な作業の牽制を行う。

8　導入⑧-1,2：不正な変更のおそれの原因究明体制の担保

●項目の内容

> ⑧-1　特定社会基盤事業者は，導入した特定重要設備に不正な変更やそのおそれがあることを発見した場合には，特定重要設備の供給者が詳細な調査や立入検査等に協力をすることが担保されていることを確認している。
>
> ⑧-2　特定社会基盤事業者※は，導入した特定重要設備の構成設備に不正な変更やそのおそれがあることを発見した場合には，構成設備の供給者が詳細な調査や立入検査等に協力をすることが担保されていることを確認している。
>
> ※　特定重要設備の供給者を通じて確認している場合も含む。

●内閣府共通解説

> 【解説】
>
> ・特定重要設備等の導入後であっても，特定重要設備等に不正な変更やそのおそれが確認された場合に，その原因を調査・排除するために，必要に応じて追跡調査や立入検査等を行うなど，特定社会基盤事業者と特定重要設備等の供給者が相互に協力することが重要です。

【確認書類例】

・不正な変更やそのおそれが確認された場合に，必要に応じて追跡調査や立入検査等に協力をすることが担保されていることがわかる契約書

● **実践ガイド**

【不正な変更やそのおそれを確認した後の体制（導入⑧-1）】

（A）技術的対策：対象無し

（B）物理的対策：対象無し

（C）人的対策：対象無し

（D）組織的対策：

　以下について，ルールを規定し，品質管理部門等の第三者が定期的に遵守状況を確認する。契約については，法務部門等で確認を行う。

1．特定社会基盤事業者が<u>有事の際に追跡調査や立入検査等を行えるよう，特定重要設備の供給者との間で，相互に協力することを契約等で取り交わして担保する</u>。

【不正な変更やそのおそれを確認した後の体制（導入⑧-2）】

（A）技術的対策：対象無し

（B）物理的対策：対象無し

（C）人的対策：対象無し

（D）組織的対策：

　以下について，ルールを規定し，品質管理部門等の第三者が定期的に遵守状況を確認する。契約については，法務部門等で確認を行う。

　※構成設備の供給者の実施状況は，特定重要設備の供給者を通じて確認してもよい。

1．特定社会基盤事業者や特定重要設備の供給者が<u>有事の際に追跡調査や立入検査等を行えるよう，構成設備の供給者との間で，相互に協力することを契約等で取り交わして担保する</u>。

第4章　リスク管理措置の実践ガイド　**115**

3 リスク管理措置：基本指針② 【導入（2）】

1 導入⑨-1,2：供給者によるサービス保証（故障対応や脆弱性対応等）

● 項目の内容

⑨-1　特定社会基盤事業者は，特定重要設備の供給者によるサービス保証（故障対応や脆弱性対応等）が十分に講じられることを確認している。

⑨-2　特定社会基盤事業者※は，構成設備の供給者によるサービス保証（故障対応や脆弱性対応等）が十分に講じられることを確認している。

※　特定重要設備の供給者を通じて確認している場合も含む。

● 内閣府共通解説

【解説】

・「サービス保証（故障対応や脆弱性対応等）が十分に講じられていること」とは，ITIL（Information Technology Infrastructure Library）において提示しているITサービスマネジメントのベストプラクティスや経済産業省や総務省において提示しているSLA（Service Level Agreement）に関するガイドラインや報告書，一般社団法人電子情報技術産業協会及びソリューションサービス事業委員会編著の「民間向けITシステムのSLAガイドライン第四版」などを参考に，SLAを結び，SLAの適用範囲や条件，契約当事者間の責任分担，サービスレベル未達時のサービスレベル改善プロセスなどの項目について規定することや，特定重要設備等に脆弱性が検知された場合に特定重要設備の供給者等から特定社会基盤事業者への情報提供を行うことや，特定重要設備の供給者等が脆弱性対応を行うことを求めるなど，特定社会基盤事業者が求める水準のサービス保証を受けられるように契約等を結ぶことが考えられます。

【確認書類例】
・SLAなどの供給者との脆弱性対応等のサービス保証に関する契約の内容が分かる書類

● **実践ガイド**

【サービス保証レベルの規定と適用（導入⑨-1）】

（A）技術的対策：対象無し

（B）物理的対策：対象無し

（C）人的対策：対象無し

（D）組織的対策：

　以下について，ルールを規定し，契約管理部門・リスク管理部門等の第三者が定期的に遵守状況を確認する。

1．特定重要設備の供給者によるサービス保証（故障対応や脆弱性対応等）について，サービスレベルの水準を特定社会基盤事業者と特定重要設備の供給者の間で合意形成の上で，契約等を結んでいる。

2．サービスレベルの水準を以下のような国内外の指標を参考にして規定する。

　―ITILが提示するITサービスマネジメントのベストプラクティス

　―経済産業省・総務省が提示するSLAのガイドライン・報告書

　――般社団法人電子情報技術産業協会及びソリューションサービス事業委員会編著「民間向けITシステムのSLAガイドライン第四版」

3．サービスレベルにおいて，特定重要設備等の脆弱性を検知した場合に特定重要設備の供給者は特定社会基盤事業者へ情報提供を行うこと，特定重要設備の供給者等が脆弱性対応を行うことを規定する。

4．SLAの適用範囲，条件，契約当事者間の責任分担，サービスレベル未達時のサービスレベル改善プロセスなどの項目について規定する。

第4章　リスク管理措置の実践ガイド　**117**

【サービス保証レベルの規程と適用（導入⑨-2）】

（A）技術的対策：対象無し

（B）物理的対策：対象無し

（C）人的対策：対象無し

（D）組織的対策：

　以下について，ルールを規定し，契約管理部門・リスク管理部門等の第三者が定期的に遵守状況を確認する。

　※構成設備の供給者の実施状況は，特定重要設備の供給者を通じて確認してもよい。

1．構成設備の供給者によるサービス保証（故障対応や脆弱性対応等）について，特定重要設備のサービス保証におけるサービスレベルの水準を踏まえ，構成設備のサービスレベルの水準を構成設備の供給者と合意形成の上で，契約等を結んでいる。

2．サービスレベルの水準を以下のような国内外の指標を参考にして規定する。

　—ITILが提示するITサービスマネジメントのベストプラクティス

　—経済産業省・総務省が提示するSLAのガイドライン・報告書

　——般社団法人電子情報技術産業協会及びソリューションサービス事業委員会編著「民間向けITシステムのSLAガイドライン第四版」

3．サービスレベルにおいて，構成設備の脆弱性を検知した場合に構成設備の供給者は特定社会基盤事業者又は特定重要設備の供給者へ情報提供を行うこと，構成設備の供給者が脆弱性対応を行うことを規定する。

4．SLAの適用範囲，条件，契約当事者間の責任分担，サービスレベル未達時のサービスレベル改善プロセスなどの項目について規定する。

2　導入⑩-1,2：サービス保証が受けられなくなった場合の代替手段の検討

●項目の内容

⑩-1　特定社会基盤事業者は，特定重要設備のサービス保証（故障対応

や脆弱性対応等）が受けられなくなった場合を想定して，代替手段の検討等の必要な対策を自ら講じている。

⑩-2　特定社会基盤事業者※は，構成設備のサービス保証（故障対応や脆弱性対応等）が受けられなくなった場合を想定して，代替手段の検討等の必要な対策を自ら講じている。

※　特定重要設備の供給者において検討している場合も含む。

● 内閣府共通解説

【解説】
・「代替手段の検討等の必要な対策」とは，特定重要設備等のサービス保証（故障対応や脆弱性対応等）が受けられなくなった場合においても，特定社会基盤役務の提供を可能とするために，複数の調達経路や万が一の故障対応や脆弱性対応等が可能な事業者等の代替手段の検討や，設備のサプライチェーンに関する継続性や信頼性に対する評価及びその結果を踏まえた対応の検討を行うこと等が考えられます。
・「特定重要設備の供給者において検討している場合」については，代替手段の検討を行っている場合だけではなく，特定重要設備の供給者として，特定重要設備の機能を維持することなどを目的として，対策を自ら講じている場合も含みます。

【確認書類例】
・サービス保証（故障対応や脆弱性対応等）が受けられなくなった場合を想定した対策の内容が分かるマニュアル等の書類（目次など，概要が分かる書類でよい）

第4章　リスク管理措置の実践ガイド　119

●**実践ガイド**

【代替手段の検討と対策（導入⑩-1）】

（A）技術的対策：対象無し

（B）物理的対策：対象無し

（C）人的対策：対象無し

（D）組織的対策：

　以下について，ルールを規定し，リスク管理部門等の第三者が定期的に遵守
状況を確認する。

1．特定重要設備のサービス保証（故障対応や脆弱性対応等）が受けられなく
　　なった場合を想定して，<u>複数の調達経路や万が一の故障対応や脆弱性対応等</u>
　　<u>が可能な事業者等の代替手段の検討等</u>の必要な対策を講じる。もしくは，<u>特</u>
　　<u>定社会基盤事業者が自ら特定重要設備の機能を維持することなどを目的とし</u>
　　<u>た対策を講じる。</u>

2．特定重要設備のサービス保証（故障対応や脆弱性対応等）が受けられなく
　　なった場合を想定して，<u>設備のサプライチェーンに関する継続性や信頼性に</u>
　　<u>対する評価及びその結果を踏まえた対応の検討等</u>の必要な対策を講じる。

【代替手段の検討と対策（導入⑩-2）】

（A）技術的対策：対象無し

（B）物理的対策：対象無し

（C）人的対策：対象無し

（D）組織的対策：

　以下について，ルールを規定し，リスク管理部門等の第三者が定期的に遵守
状況を確認する。

　※特定重要設備の供給者において検討している場合も含む。

1．構成設備のサービス保証（故障対応や脆弱性対応等）が受けられなくなっ
　　た場合を想定して，<u>複数の調達経路や万が一の故障対応や脆弱性対応等が可</u>
　　<u>能な事業者等の代替手段の検討等</u>の必要な対策を講じる。もしくは，<u>特定重</u>

要設備の供給者が自ら特定重要設備の機能を維持することなどを目的とした対策を講じる。

2．構成設備のサービス保証（故障対応や脆弱性対応等）が受けられなくなった場合を想定して，設備のサプライチェーンに関する継続性や信頼性に対する評価及びその結果を踏まえた対応の検討等の必要な対策を講じる。

4 リスク管理措置：基本指針③【導入（3）】

1 導入⑪：不正な妨害が行われた場合でも役務の提供を継続できる体制の整備

● 項目の内容

⑪ 特定社会基盤事業者は，ランサムウェアに感染した場合等の特定重要設備に対する不正な妨害が行われたときであっても役務の提供が継続できる体制（バックアップの取得・隔離管理，復旧手順の明確化・具体化，代替設備との交換等）について，自ら整備している。

● 内閣府共通解説

【解説】
・「役務の提供が継続できる体制」とは，以下のことの全部または一部について自ら整備していることが考えられます。

1．特定重要設備等において，以下のバックアップの方法を定めること。ただし，役務の提供を継続するために必要と定めたデータについては，定期的にバックアップする安全に管理可能な暗号化されたアーカイブストレージの機能を確保すること。

(1) バックアップの対象（対象とするシステム，データ，ソフトウェアその他）

(2) バックアップの範囲（フルバックアップ，差分バックアップ等）

(3) バックアップを保存する電磁的記録媒体等の種類

(4) バックアップの周期，世代管理の方法

(5) 使用するバックアップツール

(6) バックアップデータの秘匿性確保，改ざん防止の方法

2．バックアップデータを保存した媒体を端末及びサーバー装置やネットワークから切り離して保管するなど，バックアップデータについては，ランサムウェアによる端末及びサーバー装置並びにそれらとネットワーク接続された共有ファイル等を暗号化して使用できなくするサイバー攻撃への対策を講じておくこと。

3．バックアップデータを保存する媒体についても，その情報の特質に応じて要管理対策区域において保管すること。

4．バックアップの十分な可用性を担保するために，バックアップデータからの復旧手順を文書化し，定期的に訓練等を実施すること。

5．役務の提供を継続するためのサーバー装置，端末，通信回線装置又は通信回線について，負荷を分散させる，又はそれぞれ代替のものに切り替えるなどにより，役務の提供を継続できるように，設備を整備し，代替のものへの切替えについては，不正な変更等が検知してから代替サーバー装置等への切替えが許容される時間内に行えるものとすること。

【確認書類例】

・不正な妨害が行われた時であっても役務の提供が継続できる体制の内容が分かるマニュアル等の書類（目次など，概要の分かる書類でよい。）

●実践ガイド

【役務の提供が継続できる体制】

※役務の提供を妨害（不正な妨害）する攻撃とは，ランサムウェアを含むマルウェア攻撃，標的型攻撃，DDoS攻撃などが考えられる。

※役務の提供が継続できる体制とは，構成設備及び保有データについて，バックアップの取得・隔離管理，復旧手順の明確化・具体化，代替設備との交換などの整備状況を確認していることが考えられる。

※役務の提供を継続するための対象環境は，必要に応じて，特定重要設備に加えて製造環境についても措置を行う。

（A）技術的対策：

1．役務の提供を妨害する攻撃を受けても役務の提供を継続できるよう，バックアップ設計として解説(1)～(6)の設計項目を定めること。特にバックアップデータは定期的にバックアップし，安全に管理可能な暗号化されたアーカイブストレージの機能を確保する。必要に応じて，特定重要設備に加えて製造環境についても措置を行う。

2．役務の提供を妨害する攻撃を受けても役務の提供を継続できるよう，サーバー装置・端末・通信回線装置又は通信回線に対して，負荷分散・冗長化の設計を行う。不正な妨害等が検知してからそれぞれの代替のものへの切替えは，許容される時間内に実施できるよう設計する。

（B）物理的対策：

1．バックアップデータはランサムウェア被害（データを暗号化して使用できなくするサイバー攻撃）の影響範囲と想定される環境（端末・サーバー装置・ネットワーク接続された共有ファイル等）から切り離して保管する。

2．バックアップ設計としてバックアップデータの情報特性に応じた要管理対策区域を定める。設計に基づき，バックアップデータをその情報特性に対応する要管理対策区域に保管する。

（C）人的対策：対象無し

（D）組織的対策：

（A)-1,2，（B)-1,2及び以下について，ルールを規定し，品質管理部門等の

第4章　リスク管理措置の実践ガイド　**123**

第三者が定期的に遵守状況を確認する。

1．バックアップデータからの復旧手段は文書化し，定期的（年一回以上）にバックアップデータからの復旧訓練（システム・データ・ソフトウェアの復旧）を実施する。訓練の結果を受けて復旧手段の文書を見直す。

2．役務の提供を継続するためのサーバー装置・端末・通信回線装置又は通信回線について，代替のものへの切替手段及び切替完了の確認手段を文書化し，定期的（年一回以上）にそれぞれの代替のものへの切替え訓練を実施する。訓練の結果を受けて切替手段及び切替完了の確認手段の文書を見直す。

2　導入⑫：インシデント発生時の対応方針や体制の整備

●項目の内容

> ⑫　特定社会基盤事業者は，情報の漏洩等の情報セキュリティインシデントが発生した場合の対応方針・体制（マニュアル等の整備，定期的なインシデント対応の訓練等）を自ら整備している。

●内閣府共通解説

【解説】
・情報セキュリティインシデントとしては，例えば，情報漏洩や改ざん，不正プログラムへの感染，外部からのサーバー装置・端末への不正侵入，サービス不能攻撃によるシステム停止などが考えられ，制御システムにおけるセキュリティインシデントを含みます。
・「情報セキュリティインシデントが発生した場合の対応方針・体制」としては，以下のことを事前に整備することが考えられます。
　1．情報セキュリティインシデントが発生した場合の対応方針として，意思決定の判断基準，判断に応じた対応内容，緊急時の意思決定方法等をあらかじめ定めておくこと。

2．情報セキュリティインシデントの可能性を認知した際の報告窓口を含む関係者への報告手順を整備し，報告が必要な具体例を含め，職員等に周知すること。

3．特定重要設備について，情報セキュリティインシデントに備えて，緊急連絡先，連絡手段，連絡内容を含む緊急連絡網を整備すること。

4．情報セキュリティインシデントへの対処の訓練について導入に携わる者の熟練度等に応じて，必要な訓練等を検討し，特定重要設備については，不正プログラム感染による情報漏洩やサービス不能攻撃によるシステム停止などへの対処を的確に実施するために，それらの<u>情報セキュリティインシデントを想定した模擬的な対処を行うなど，訓練の内容及び体制を整備する</u>こと。

5．<u>対応方針・体制が適切に機能することを訓練等により確認する</u>こと。

【確認書類例】

・情報セキュリティインシデントが発生した場合の対応方針・体制の内容が分かるマニュアル等の書類（目次など，概要が分かるものでよい）

●実践ガイド

【情報セキュリティインシデントが発生した場合の対応方針・体制】

　　※<u>情報セキュリティインシデントとは例えば，情報漏洩や改ざん，不正プログラムへの感染，外部からのサーバー装置・端末への不正侵入，サービス不能攻撃によるシステム停止などが考えられ，制御システムにおけるセキュリティインシデントを含む。</u>

（A）技術的対策：対象無し

（B）物理的対策：対象無し

（C）人的対策：対象無し

（D）組織的対策：

　以下について，ルールを規定し，品質管理部門等の第三者が定期的に遵守状

況を確認する。

1. 情報セキュリティインシデント発生時の対応方針（意思決定の判断基準，判断に応じた対応内容，緊急時の意思決定方法等）をあらかじめ定め，文書化する。

2. 情報セキュリティインシデントの可能性を認知した際の報告窓口を含む関係者への報告手順を整備する。報告が必要な具体例を含め，職員等に周知・教育する。

3. 特定重要設備等の情報セキュリティインシデントに備え，緊急連絡網（緊急連絡先，連絡手段，連絡内容）を整備する。

4. 情報セキュリティインシデントへの対処の訓練について，導入に携わる者の熟練度等に応じて，必要な訓練等を検討する。特定重要設備については，不正プログラム感染による情報漏洩やサービス不能攻撃によるシステム停止などへの対処を的確に実施するために，それらの情報セキュリティインシデントを想定した模擬的な対処を行うなど，訓練の内容及び体制を整備する。

5. 定期的（年1回以上）に情報セキュリティインシデントへの対処の訓練等を実施し，1. 対応方針，2. 報告手順，3. 緊急連絡網，及び体制が適切に機能することを確認する。訓練等の結果を受けて情報セキュリティインシデントへの対応方針の文書を見直す。

3　導入⑬：設備に対するアクセスの制御及び不正アクセスの監視の仕組みの実装

●項目の内容

> ⑬　特定社会基盤事業者は，特定社会基盤事業者又は特定重要設備の供給者が，特定重要設備についてアクセス制御に関する仕組みを講じ，特定重要設備に対する不正なアクセスを監視する仕組みを導入までに実装することを確認している。

● 内閣府共通解説

【解説】

・「アクセス制御に関する仕組みを講じ，特定重要設備に対する不正なアクセスを監視する仕組み」とは，設備の導入までに，運用時のセキュリティ監視等の運用管理機能要件を明確化し，以下を含む措置を実装することが考えられます。

1．特定重要設備の運用時に情報セキュリティ確保のために必要となる，真正確認，権限管理等のセキュリティ機能を管理するための機能，制御システムの可用性の確保のほか，情報セキュリティインシデントの発生時に行う対処及び復旧に係る機能，証跡保全の機能などの管理機能を実装すること。

2．情報セキュリティインシデントの発生を監視する必要があると認めた場合には，通信回線を通してなされる不正アクセス又は不正侵入，情報システムの管理者・運用者又はアクセス可能な利用者の誤操作若しくは不正操作，サーバー装置等機器の動作，許可されていない者の要管理対策区域への立入り等への監視のために必要な機能について，以下を例とする機能を実装すること。

(1) 特定重要設備の供給者外と通信回線で接続している箇所における外部からの不正アクセスを監視する機能

(2) 不正プログラム感染や踏み台に利用されること等による特定重要設備の供給者外への不正な通信を監視する機能

(3) 端末等の組織内ネットワークの末端に位置する機器及びサーバー装置において不正プログラムの挙動を監視する機能

(4) 特定重要設備の供給者内の通信回線への端末の接続を監視する機能

(5) 端末への外部電磁的記録媒体の挿入を監視する機能

(6) サーバー装置等の機器の動作を監視する機能

第4章　リスク管理措置の実践ガイド　**127**

> 3．暗号化された通信データを復号する機能及び必要な場合はこれを再
> 暗号化する機能を実装すること。
>
> 【確認書類例】
> ・アクセス制御に関する仕組みを実装していることが分かる書類（目次な
> ど，概要が分かるものでよい）や契約書

● **実践ガイド**

【運用管理機能要件の明確化】

（A）技術的対策：対象無し

（B）物理的対策：対象無し

（C）人的対策：対象無し

（D）組織的対策：

　以下の運用管理要件を定め，品質管理部門等の第三者が遵守状況を確認する。

1．特定重要設備における運用時のセキュリティ監視等の運用管理機能要件と
して，アクセス制御及び不正なアクセスを監視する仕組みについて明記する。

2．特定重要設備の供給者外からのアクセスを対象としたアクセス制御及び不
正なアクセスを監視する仕組みに加えて，特定重要設備の供給者内のそれら
についても，運用管理機能要件として明記する。

3．運用管理機能要件について，特定重要設備等の特徴を考慮の上，特定妨害
行為の主体目線の不正アクセス・シナリオを基に，必要な運用管理機能を明
確にする。その際，国内・海外で実際に観測された不正アクセスの手口やテ
クニックなどを参考にして，日々高度化・巧妙化する不正アクセスについて
その兆候をどの程度把握可能であるかを確認する。

【アクセス制御に関する仕組み】

（A）技術的対策：

1．特定重要設備の運用時に，各構成設備（サーバー，OS，ミドルウェア等）や情報システム（特定重要設備の維持管理を行うための情報システム等）にあるアクセス制御の仕組みについて下記のような管理機能を実装していること，また，その可用性を確保していることを確認する。

　　―真正確認機能

　　―セキュリティ機能を管理するための機能（権限管理等）

　　―情報セキュリティインシデント発生時の対処・復旧に係る機能

　　―証跡保全機能

（B）物理的対策：対象無し

（C）人的対策：対象無し

（D）組織的対策：

　（A）-1について，ルールを規定し，品質管理部門等の第三者が定期的に遵守状況を確認する。

【不正なアクセスを監視する仕組み】

（A）技術的対策：

1．特定社会基盤役務の安定的な提供を妨害しようとする主体（外国政府，テロリストのほか，これらの主体の影響下にある我が国内にある供給者等）や，当該主体から影響を受けた事業者からの不正アクセス^{（※）}のリスクを特定する。

　　※通信回線を通してなされる不正アクセス又は不正侵入，情報システムの管理者・運用者又はアクセス可能な利用者の誤操作若しくは不正操作，サーバー装置等機器の動作，許可されていない者の要管理対策区域への立ち入り等

2．（A）-1の結果を踏まえ，不正アクセスのリスク評価に当たっては，不正アクセスの主体や攻撃手法を分類した知見等を参考にして特定妨害行為の主体目線での不正アクセス及びシナリオを基に特定重要設備の実態と特徴を踏

第4章　リスク管理措置の実践ガイド　**129**

まえて評価する。

3．（A）-2の結果を踏まえ，必要に応じて，<u>情報セキュリティインシデントの発生を監視する機能（解説2.(1)～(6)を例とする）を対応・実装する</u>。

4．必要に応じて，<u>暗号化された通信データを復号する機能・再暗号化する機能を対応・実装する</u>。その暗号鍵等は適切に保管できるよう対応・実装（権限管理，アクセス制御，保管先）する。

（B）物理的対策：対象無し

（C）人的対策：対象無し

（D）組織的対策：

　（A）-1,2,3,4について，ルールを規定し，品質管理部門等の第三者が定期的に遵守状況を確認する。

5　リスク管理措置：基本指針④【維持管理（1）】

1　維持管理①：操作ログや作業履歴等の保管や不正な変更の有無の定期的又は随時の確認

●項目の内容

> ①　特定社会基盤事業者[※]は，委託の相手方及び再委託の相手方等において，特定重要設備の操作ログや作業履歴等の保管に関する手順及びその確認に関する手順が明確に定められており，当該操作ログや作業履歴等の確認等により<u>不正な変更の有無を定期的又は随時に確認する</u>ことについて確認している。
>
> ※　再委託の相手方等における実施状況については，委託の相手方を通じて確認している場合も含む。

●内閣府共通解説

【解説】

・「操作ログや作業履歴等の保管に関する手順及びその確認に関する手順が明確に定められ」とは，委託の相手方及び再委託の相手方等が，特定重要設備に関する操作ログや作業履歴等について，当該作業を行った者や時刻の情報も記録されるよう設定した上で，維持管理等の作業を行うことを指します。

1．情報システムの特性（取り扱われる情報，接続されるネットワーク，設置環境，利用者等）に応じ，当該情報システムでどのような事象を検知すべきかを目的として設定した上で，以下を例とする，取得すべき作業ログや作業履歴等の情報やその保存期間（1年以上）等を定めて管理すること。

   (1)　事象の主体（人物又は機器等）を示す識別コード

   (2)　識別コードの発行等の管理記録

   (3)　特定重要設備に関する操作の記録

   (4)　事象の種類（ウェブサイトへのアクセス，ログイン及びログアウト，サーバー・ファイルへのアクセス，要保護情報の書き出し等）

   (5)　事象の対象（アクセスしたURL，アクセスしたファイル名およびファイル操作内容等）

   (6)　正確な日付及び時刻

   (7)　試みられたアクセスに関する情報

   (8)　電子メールのヘッダ情報及び送信内容

   (9)　通信パケットの内容

   (10)　操作する者，監視する者，保守する者等への通知の内容

2．取得したログに対する，不正な消去，改ざん及びアクセスを防止するため，情報システムからの切り離しての保管や適切なアクセス制限を含む，ログ情報の保全方法を定めること。

第4章　リスク管理措置の実践ガイド　**131**

【確認書類例】

・操作ログや作業履歴等の保管を行うに当たってのマニュアル等の書類
（目次など，概要が分かるものでよい。）

・操作ログや作業履歴等を確認し不正な変更の有無を定期的又は随時に確
認することが分かるマニュアル（目次など，概要が分かるものでよい。）
や契約書等の書類

● **実践ガイド**

【操作ログや作業履歴等の保管・確認に関する手順】

（A）技術的対策：

1．特定重要設備の操作ログや作業履歴等について，作業者や時刻の情報が記
録されるよう設定する。

2．取得ログの不正な消去・改竄・参照を防止するために，情報システムから
切り離して保管し，適切にアクセス制限を行う。

（B）物理的対策：対象無し

（C）人的対策：対象無し

（D）組織的対策：

　（A)-1,2及び以下について，ルールを規定し，品質管理部門等の第三者が定
期的に遵守状況を確認する。

　※再委託の相手方等の実施状況は，委託の相手方を通じて確認してもよい。

1．取得すべき操作ログ・作業履歴等について，監査可能な状態にするための
情報項目（解説1．(1)〜(10)にある情報項目）を定める。自らのリスク評価に
よって，対象範囲と確認頻度や確認者等を定め，文書化する。

2．取得すべき操作ログ・作業履歴等について，1年以上の保管期間で管理す
る。

3．特定重要設備の操作や作業等に係わる実施環境へアクセスする場合の，認
証ログと認証成功後の操作に基づく認可ログを追跡確認できる状態にする。

4．特定重要設備の操作ログや作業履歴等から<u>不正アクセス（アクセス可能な従業員外からのアクセス，従業員が担当外の成果物を変更）を定期的又は随時に確認する。</u>

2　維持管理②：最新のセキュリティパッチ適用等の定期的な資産管理

● 項目の内容

> ②　特定社会基盤事業者は，<u>特定重要設備及び構成設備の状況を把握し，既存の設備について最新のセキュリティパッチが適用されているかどうか等の資産の管理を定期的に行っており，また，今後交換する予定の設備についても同様に資産の管理を定期的に行うこととしている。</u>

● 内閣府共通解説

【解説】
・<u>「設備の状況を把握し，（略）最新のセキュリティパッチが適用されているかどうか等の資産の管理」</u>とは，特定重要設備等について，必要に応じてIT資産管理ソフトウェア等を活用しつつ，<u>OS等の種類やバージョン等を管理し，OS等のアップデートファイル（セキュリティパッチ等）を適用し，常に最新の状態を保たれていることを定期的に確認する</u>ことが考えられます。

【確認書類例】
・資産の管理を行うに当たってのマニュアル等の書類（目次など，概要が分かるものでよい。）

第4章　リスク管理措置の実践ガイド　**133**

● **実践ガイド**

【資産管理：最新セキュリティパッチの適用状況を確認】

（A）技術的対策：

1．特定重要設備及び構成設備の情報資産を一覧にまとめた「情報資産目録」を作成し，資産管理ソフトウェア等を活用して，種類やバージョン等を一覧化する。

2．特定重要設備及び構成設備で使用しているソフトウェアは，脆弱性スキャンツール等を活用して，脆弱性状況や最新セキュリティパッチの情報を定期的に収集する。収集した情報を基に一覧化した情報資産目録のバージョン・脆弱性のチェックを行う。

3．特定重要設備及び構成設備について，最新のセキュリティパッチを適用するなどして最新の状態に保つ。

（B）物理的対策：対象無し

（C）人的対策：対象無し

（D）組織的対策：

（A）-1,2,3及び以下について，ルールを規定し，品質管理部門等の第三者が定期的に遵守状況を確認する。

1．アップデートファイルや最新のセキュリティパッチ等が適用され，最新の状態に保たれていることを定期的に確認する。

3　維持管理③：保有している設計書・設備等の情報への物理的（入退室管理）及び論理的な制御（システムへのアクセス制御）

● 項目の内容

③　特定社会基盤事業者※は，委託の相手方及び再委託の相手方等が保有している設計書や設備等の情報について，委託の相手方及び再委託の相手方等が定めた要員以外が当該情報にアクセスできないよう，要員を物理的（監視カメラ等の入退室管理等）かつ論理的（データやシステムへ

のアクセス防御）に適切に制限することを確認している。

※　再委託の相手方等における実施状況については，委託の相手方を通じて確認している場合も含む。

● 内閣府共通解説

・導入（1）⑤-1／⑤-2の解説を参照

・なお，本項目は，維持管理（1）④と異なり，「重要維持管理等の実施環境」に限らず，設計書及び設備の情報を使用や保管等をしている環境において，当該情報にアクセスできないよう，要員を物理的かつ論理的に適切に制限することを求めるものです。

-------------------- 導入（1）⑤-1,2の解説より転記，一部更新 --------------------

【解説】

・特定重要設備等の設計書や設備等の情報にアクセス可能な環境においては，維持管理に携わる供給者の従業員等（「アクセス可能な要員」）以外の者がアクセスできないようにすることは重要です。このため以下の対策を取ることが考えられます。

1．アクセス可能な要員の制限について

・特定重要設備等の設計書や設備等の情報にアクセス可能な要員を名簿で管理することに加えて，2．及び3．の制限によって，アクセス可能な要員以外の要員がアクセスできないようにする。

2．物理的な制限について

・特定重要設備等の供給者は，特定重要設備等の設計書や設備等の情報にアクセス可能な環境において以下の観点を含む対策を講じることが考えられる。

（ｱ）許可されていない者が容易に立ち入ることができないようにするための，施錠可能な扉，間仕切り等の施設の整備や設備の設置等の

物理的な対策

　(イ)　許可されていない者の立入りを制限するため及び立入りを許可された者による立入り時の不正な行為を防止するための<u>入退管理対策</u>

3．論理的な制限について

・特定重要設備等の供給者は，以下の対策を講じることが考えられます。

　(1)　主体認証機能の導入

　　(ア)　特定重要設備等の設計書や設備等の情報に関する情報システムへの<u>アクセス主体を特定し，それが正当な主体であることを検証する必要がある場合，主体の識別及び主体認証を行う機能を設ける</u>こと。

　　(イ)　主体認証を行う特定重要設備等の設計書や設備等の情報に関する情報システムにおいて，<u>主体認証情報の漏えい等による不正行為を防止するための措置及び不正な主体認証の試行に対抗するための措置を講ずる</u>こと。

　(2)　識別コード及び主体認証情報の管理

　　(ア)　特定重要設備等の設計書や設備等の情報に関する情報システムに<u>アクセスする全ての主体に対して，識別コード及び主体認証情報を適切に付与し，管理するための措置を講ずる</u>こと。

　　(イ)　主体が特定重要設備等の設計書や設備等の情報に関する情報システムにアクセスする必要がなくなった場合は，<u>当該主体の識別コード及び主体認証情報の不正な利用を防止するための措置を速やかに講ずる</u>こと。

【確認書類例】

・アクセス可能な要員を把握し，適切に物理的・論理的に制限していることが分かるマニュアル（目次など，取組の概要が分かるものでよい）や契約書

● 実践ガイド

【アクセス可能な要員の制限】

（A）技術的対策：対象無し

（B）物理的対策：対象無し

（C）人的対策：対象無し

（D）組織的対策：

　以下について，ルールを規定し，品質管理部門等の第三者が定期的に遵守状況を確認する。

　※再委託の相手方等の実施状況は，委託の相手方を通じて確認してもよい。

1．設計書及び設備等の情報を使用や保管等をしている環境へアクセス可能な要員について，名簿を管理する。

2．役職員の異動や入退職，メンバーの入れ替え等があった場合，それに伴う名簿の更新を遅滞なく実施する。

3．役職員の異動等に伴う名簿の更新が適切に行われていること，また，役職や職務に応じた権限になっていることについて，定期的に確認する。

【物理的な制限】

（A）技術的対策：対象無し

（B）物理的対策：

1．特定重要設備等に対して不正な行為が行われないようにするために，設計書及び設備等の情報を使用や保管等をしている環境に関して，対策が必要な区域を定める。

2．設計書及び設備等の情報を使用や保管等をしている環境にアクセス可能な居室等は，不正な入室を防止するための物理的な設備（施錠可能な扉・間仕切り等）を設置する。

3．設計書及び設備等の情報を記載した紙媒体について，アクセス可能な要員のみを最小権限（参照，更新，管理者等）でアクセス制御するための物理的な管理を行う（例として，情報の特性に応じて文書単位に区分と表示を行い，

キャビネットを分別・分割して保管するなど)。

4．許可されていない者の立入りを制限するため及び立入りを許可された者による立入り時の不正な行為を防止するために，監視カメラ等を設置して入退管理対策を実施する。

5．設計書及び設備等の情報の使用や保管等において，紙媒体を利用する場合は適切な取扱いを確保するための措置をとる。措置の例は下記のとおり。

　　区分と表示，業務外利用の禁止，複製物の使用制限，保管方法及び期限の設定，回収・破棄，利用（参照，更新等）の記録と確認　等

（C）人的対策：対象無し

（D）組織的対策：

　（B)-1,2,3,4,5について，ルールを規定し，品質管理部門等の第三者が定期的に遵守状況を確認する。

　※再委託の相手方等の実施状況は，委託の相手方を通じて確認してもよい。

【論理的な制限】

（A）技術的対策：

1．設計書及び設備等の情報を使用や保管等をしている情報システム（端末・ネットワーク等を含む。）において，それらにアクセス可能な人員を認証する仕組みとして，ユーザ認証機能を設ける。

2．（A)-1のユーザ認証機能について，なりすまし等の内部犯行を防止するために，多要素認証を設ける。

3．（A)-1,2のユーザ認証機能及び多要素認証について，パスワードを利用する際は，不正な認証の試行に対抗する措置を講じるために，適切なパスワードポリシー（パスワード長，複雑さ，再利用制限，更新期間等）を設ける。

4．（A)-1,2のユーザ認証機能及び多要素認証について，認証情報（識別コード及び主体認証情報）の漏えい等の不正行為を防止するために，暗号化やアクセス制限を含む方法を用いて適切に管理する。

5．（A)-1,2のユーザ認証機能及び多要素認証について，認証情報（識別コー

ド及び主体認証情報）が不正に利用され，又は利用されるおそれを認識した場合において，認証を停止する機能や認証情報の再設定をユーザに要求する機能等を設ける。

6．設計書及び設備等の情報を使用や保管等をしている情報システム（端末・ネットワーク等を含む。）において，それらに対するアクセスについては，アクセス可能な人員のアクセス権限がそれぞれ最小権限となるようなアクセス制御の仕組みを設ける。

7．設計書及び設備等の情報を使用や保管等をしている情報システムにおいて，リモートアクセスを利用して業務（作業）を行う場合は，そのリモートアクセスについて，アクセス可能な要員のみとし，各要員のアクセス権限が最小権限となるようにアクセスを制限する。また，そのためのユーザ認証機能を設ける。

（B）物理的対策：

1．設計書及び設備等の情報の使用や保管等において，電子媒体を利用する場合は適切な取扱いを確保するための措置をとる。措置の例は下記のとおり。

区分と表示，業務外利用の禁止，複製物の使用制限，保管方法及び期限の設定，回収・破棄，利用（参照，更新等）の記録と確認　等

（C）人的対策：対象無し

（D）組織的対策：

（A）-1,2,3,4,5,6,7，（B）-1及び以下について，ルールを規定し，品質管理部門等の第三者が定期的に遵守状況を確認する。

※再委託の相手方等の実施状況は，委託の相手方を通じて確認してもよい。

1．（A）-1,2のユーザ認証機能，多要素認証の運用において，アクセス可能な人員に対して認証情報（識別コード及び主体認証情報）を安全な方法で適切に付与し，管理するための措置を講ずる。

2．設計書及び設備等の情報を使用や保管等をしている情報システムにおいて，異動や入退職に伴うアクセス可能な要員に変更があった場合，【アクセス可能な要員の制限】の（D）-1,2,3にある名簿の更新とともに，ユーザ認証機能

第4章　リスク管理措置の実践ガイド　**139**

やアクセス制御の機能の更新について，対応期限（数営業日が目途）を定め，可及的速やかに実施する。

4　維持管理④：実施環境における物理的（入退室管理）及び論理的な制御（システムへのアクセス制御）

●項目の内容

---

④　特定社会基盤事業者※は，委託の相手方及び再委託の相手方等が，重要維持管理等の実施環境において，委託の相手方及び再委託の相手方等が定めた要員以外がアクセスできないよう，要員を物理的（監視カメラ等の入退室管理等）かつ論理的（データやシステムへのアクセス防御）に適切に制限することを確認している。

※　再委託の相手方等における実施状況については，委託の相手方を通じて確認している場合も含む。

●内閣府共通解説

・導入（1）⑤-1／⑤-2の解説を参照

-------------------- 導入（1）⑤-1,2の解説より転記，一部更新 --------------------

【解説】

・特定重要設備等の重要維持管理等の実施環境においては，重要維持管理等の実施に携わる供給者の従業員等（「アクセス可能な要員」）以外の者がアクセスできないようにすることは重要です。このため以下の対策を取ることが考えられます。

1．アクセス可能な要員の制限について

・特定重要設備等の重要維持管理等の実施環境にアクセス可能な要員を名簿で管理することに加えて，2．及び3．の制限によって，アクセス

可能な要員以外の要員がアクセスできないようにする。

2．物理的な制限について

・特定重要設備等の供給者は，特定重要設備等の重要維持管理等の実施環境において以下の観点を含む対策を講じることが考えられる。

(ア) 許可されていない者が容易に立ち入ることができないようにするための，施錠可能な扉，間仕切り等の施設の整備や設備の設置等の物理的な対策

(イ) 許可されていない者の立入りを制限するため及び立入りを許可された者による立入り時の不正な行為を防止するための入退管理対策

3．論理的な制限について

・特定重要設備等の供給者は，以下の対策を講じることが考えられます。

(1) 主体認証機能の導入

(ア) 特定重要設備等の重要維持管理等の実施に関する情報システムへのアクセス主体を特定し，それが正当な主体であることを検証する必要がある場合，主体の識別及び主体認証を行う機能を設けること。

(イ) 主体認証を行う特定重要設備等の重要維持管理等の実施に関する情報システムにおいて，主体認証情報の漏えい等による不正行為を防止するための措置及び不正な主体認証の試行に対抗するための措置を講ずること。

(2) 識別コード及び主体認証情報の管理

(ア) 特定重要設備等の重要維持管理等の実施に関する情報システムにアクセスする全ての主体に対して，識別コード及び主体認証情報を適切に付与し，管理するための措置を講ずること。

(イ) 主体が特定重要設備等の重要維持管理等の実施に関する情報システムにアクセスする必要がなくなった場合は，当該主体の識別コード及び主体認証情報の不正な利用を防止するための措置を速やかに講ずること。

第4章　リスク管理措置の実践ガイド　**141**

【確認書類例】

・アクセス可能な要員を把握し，適切に物理的・論理的に制限していることが分かるマニュアル（目次など，取組の概要が分かるものでよい）や契約書

● **実践ガイド**

【アクセス可能な要員の制限】

（A）技術的対策：対象無し

（B）物理的対策：対象無し

（C）人的対策：対象無し

（D）組織的対策：

　以下について，ルールを規定し，品質管理部門等の第三者が定期的に遵守状況を確認する。

　※再委託の相手方等の実施状況は，委託の相手方を通じて確認してもよい。

1．重要維持管理等の実施環境へアクセス可能な要員について，名簿を管理する。

2．役職員の異動や入退職，メンバーの入れ替え等があった場合，それに伴う名簿の更新を遅滞なく実施する。

3．役職員の異動等に伴う名簿の更新が適切に行われていること，また，役職や職務に応じた権限になっていることについて，定期的に確認する。

【物理的な制限】

（A）技術的対策：対象無し

（B）物理的対策：

1．特定重要設備等に対して不正な行為が行われないようにするために，重要維持管理等の実施環境に関する居室等に関して，対策が必要な区域を定める。

2．重要維持管理等の実施環境に関する居室等は，不正な入室を防止するため

の物理的な設備（施錠可能な扉・間仕切り等）を設置する。

3．許可されていない者の立入りを制限するため及び立入りを許可された者による立入り時の不正な行為を防止するために，監視カメラ等を設置して入退管理対策を実施する。

（C）人的対策：対象無し

（D）組織的対策：

（B）-1,2,3について，ルールを規定し，品質管理部門等の第三者が定期的に遵守状況を確認する。

※再委託の相手方等の実施状況は，委託の相手方を通じて確認してもよい。

【論理的な制限】

（A）技術的対策：

1．重要維持管理等の実施環境に関する情報システム（端末・ネットワーク等を含む。）において，それらにアクセス可能な人員を認証する仕組みとして，ユーザ認証機能を設ける。

2．（A）-1のユーザ認証機能について，なりすまし等の内部犯行を防止するために，多要素認証を設ける。

3．（A）-1,2のユーザ認証機能及び多要素認証について，パスワードを利用する際は，不正な認証の試行に対抗する措置を講じるために，適切なパスワードポリシー（パスワード長，複雑さ，再利用制限，更新期間する等）を設ける。

4．（A）-1,2のユーザ認証機能及び多要素認証について，認証情報（識別コード及び主体認証情報）の漏えい等の不正行為を防止するために，暗号化やアクセス制限を含む方法を用いて適切に管理する。

5．（A）-1,2のユーザ認証機能及び多要素認証について，認証情報（識別コード及び主体認証情報）が不正に利用され，又は利用されるおそれを認識した場合において，認証を停止する機能や認証情報の再設定をユーザに要求する機能等を設ける。

第4章　リスク管理措置の実践ガイド　**143**

6．重要維持管理等の実施環境に関する情報システム（端末・ネットワーク等
　を含む。）において，それらに対するアクセスについては，アクセス可能な
　人員のアクセス権限がそれぞれ最小権限となるようなアクセス制御の仕組み
　を設ける。

7．重要維持管理等の実施環境に関する情報システムにおいて，リモートアク
　セスを利用して製造に関わる業務（作業）を行う場合は，そのリモートアク
　セスについて，アクセス可能な要員のみとし，各要員のアクセス権限が最小
　権限となるようにアクセスを制限する。また，そのためのユーザ認証機能を
　設ける。

（B）物理的対策：対象無し

（C）人的対策：対象無し

（D）組織的対策：

　（A）-1,2,3,4,5,6,7及び以下について，ルールを規定し，品質管理部門等の第
三者が定期的に遵守状況を確認する。

　※再委託の相手方等の実施状況は，委託の相手方を通じて確認してもよい。

1．（A）-1,2のユーザ認証機能，多要素認証の運用において，アクセス可能な
　人員に対して認証情報（識別コード及び主体認証情報）を安全な方法で適切
　に付与し，管理するための措置を講ずる。

2．重要維持管理等の実施環境において，異動や入退職に伴うアクセス可能な
　要員に変更があった場合，【アクセス可能な要員の制限】の（D）-1,2,3にあ
　る名簿の更新とともに，ユーザ認証機能やアクセス制御の機能の更新につい
　て，対応期限（数営業日が目途）を定め，可及的速やかに実施する。

5 維持管理⑤：サイバーセキュリティ教育

●項目の内容

⑤ 特定社会基盤事業者※は，委託の相手方及び再委託の相手方等において，重要維持管理等を実施する要員や管理責任者に対するサイバーセキュリティに関する教育や研修を定期的（年間１回以上）に実施し，サイバーセキュリティリテラシーの維持向上に努めていることを確認している。

※ 再委託の相手方等における実施状況については，委託の相手方を通じて確認している場合も含む。

●内閣府共通解説

【解説】

・「サイバーセキュリティに関する教育や研修」とは，以下の内容を実施することが考えられます。

1. 教育や研修の内容について，受講者の役割，責任及び技能に適したものを幅広い角度から定め，最新の脅威動向，情報セキュリティインシデントの発生状況等の情報セキュリティ環境の変化等を踏まえて不断の見直しを行うこと。

2. 研修の実施後に簡単なテストを実施することにより受講者の理解度の把握や，必要に応じて受講者へのアンケート等による研修の内容を見直すこと。

3. 教育や研修の頻度については，受講者の役割，責任及び技能に適した教育や研修の他，全ての重要維持管理等を実施する要員及び管理責任者に対しても，毎年度最低でも１回以上は受講させることとし，受講に当たっては，教育の実施を周知し，受講できる環境を整備するとともに受講状況を把握するなどして，適切に受講する環境を整備すること。ただ

し，着任した者に対しては，早期に情報セキュリティ対策の教育を受講させる必要があることから，早期に教育をしないことについて合理的な理由がある場合を除き，<u>着任後3か月以内には受講させること</u>。

・教育や研修の対象となる重要維持管理等を実施する要員及び管理責任者の範囲については，実際に重要維持管理等を行う実施環境において<u>重要維持管理等</u>を実施する要員だけではなく，<u>重要維持管理等に関連する業務を行う要員</u>や<u>重要維持管理等に関連する業務を監督する立場にある役員や従業員も含む</u>ことが考えられます。

【確認書類例】

・サイバーセキュリティリテラシーの維持向上のために実施している内容が分かる書類（目次など，概要が分かるものでよい。）や契約書

● **実践ガイド**

【サイバーセキュリティに関する教育や研修】

（A）技術的対策：対象無し

（B）物理的対策：対象無し

（C）人的対策：

1．委託の相手方及び再委託の相手方等の<u>重要維持管理等を実施する要員や管理責任者</u>（<u>重要維持管理等に関連する業務を監督する立場にある役員や従業員も含む</u>。）に対して，<u>サイバーセキュリティに関する教育や研修を定期的（年間1回以上）</u>に実施する。

2．着任者に対しては，サイバーセキュリティに関する教育や研修を原則，着任後3か月以内に実施する。

（D）組織的対策：

（C)-1,2及び以下について，ルールを規定し，人事・教育育成部門等の第三者が定期的に遵守状況を確認する。

※再委託の相手方等の実施状況は，委託の相手方を通じて確認してもよい。

1．教育や研修は技能に適したものを幅広い角度から定め，最新の脅威動向，情報セキュリティインシデントの発生状況等の情報セキュリティ環境の変化等を踏まえて不断の見直しを行う。

2．研修の実施後に簡単なテストを実施することにより受講者の理解度を把握する。

3．研修の実施後に必要に応じて受講者へのアンケート等から研修内容を見直す。

4．教育や研修を受講できる環境と受講状況を把握する環境を整備する。

6 リスク管理措置：基本指針⑤【維持管理（2）】

1 維持管理⑥：再委託を行う場合における特定社会基盤事業者の承認等

●項目の内容

⑥ 特定社会基盤事業者は，委託の相手方が再委託を行うに当たり，特定社会基盤事業者の承認を得ることを要件としており，再委託の相手方等に対しても，さらに再委託を行う場合には特定社会基盤事業者の承認を受けること等を要件として課していることを確認している。

●内閣府共通解説

【解説】

・委託の相手方が再委託を行う場合には，あらかじめ導入等計画書において記載が必要となる再委託の相手方等の名称や住所，設立準拠法国等に関する事項を，特定社会基盤事業者に提出し，その内容から特定社会基盤事業者は特定社会基盤役務の安定的な提供が妨害されるおそれに関し

第4章 リスク管理措置の実践ガイド **147**

> て自ら評価し，再委託を行うことが適当かどうかを判断することが望ま
> しいため，委託の相手方が再委託を行う際に，再委託を行う場合に特定
> 社会基盤事業者の承認を受けることや，再委託の相手方等の名称や住所，
> 設立準拠法国等を通知し，必要に応じて事後的に改善することを，再委
> 託を行う場合の要件として契約書に記載することが考えられます。
>
> 【確認書類例】
> ・委託の相手方が再委託を行う際に，特定社会基盤事業者の承認を得るこ
> 　とや，特定社会基盤事業者に対して再委託の相手方等の名称や住所，設
> 　立準拠法国等を通知し，必要に応じて事後的に改善することを要件とし
> 　ている契約書

● **実践ガイド**
【重要維持管理の再委託に係る承認・契約】
（A）技術的対策：対象無し
（B）物理的対策：対象無し
（C）人的対策：対象無し
（D）組織的対策：

　以下について，ルールを規定し，契約管理・法務部門等の第三者が定期的に
遵守状況を確認する。

1．委託の相手方は，再委託を行う際に，再委託を行うことについて特定社会
　基盤事業者の承認を受ける。または，再委託の相手方等の名称や住所，設立
　準拠法国等の情報を通知し，必要に応じて改善することについて再委託を行
　う場合の要件として特定社会基盤事業者と委託の相手方との契約書等で担保
　する。
2．委託の相手方が再委託をした相手方がさらに再委託（再々委託～N次委託）
　を行う場合には，再々委託先等の名称や住所，設立準拠法国等の情報につい

て，特定社会基盤事業者に提出し，承認を受ける。または，再々委託先等の名称や住所，設立準拠法国等を通知し，必要に応じて改善することについて再委託を行う場合の要件として（委託元と再委託先との）契約書等で担保する。

2 維持管理⑦：再委託を行う場合の委託先と同等のサイバーセキュリティ対策の確保

● 項目の内容

> ⑦ 特定社会基盤事業者は，委託の相手方との契約において再委託の相手方等が委託の相手方と同等のサイバーセキュリティ対策を確保することを，再委託を行う場合の条件として設定することを要件としている。

● 内閣府共通解説

【解説】
・「再委託を行う場合」とは，委託の相手方が再委託を行う場合だけでなく，再委託の相手方がさらに再委託を行う場合も含まれます。

【確認書類例】
・再委託の相手方等が委託の相手方と同等のサイバーセキュリティ対策を確保することを担保していることが分かる契約書等の書類

● 実践ガイド
【重要維持管理の再委託先のサイバーセキュリティ対策確保】
（A）技術的対策：対象無し
（B）物理的対策：対象無し
（C）人的対策：対象無し

第4章　リスク管理措置の実践ガイド　**149**

（D）組織的対策：

　以下について，ルールを規定し，契約管理・法務部門等の第三者が定期的に遵守状況を確認する。

1．委託の相手方は，再委託を行う際に，再委託の相手方等が同等のサイバーセキュリティ対策を確保することを再委託の条件とすることを，特定社会基盤事業者と委託の相手方との契約書等で担保する。

2．委託の相手方が再委託をした相手方がさらに再委託（再々委託～N次委託）を行う場合には，再々委託先等が同等のサイバーセキュリティ対策を確保することを（委託元と再委託先との）契約書等で担保する。

7 　リスク管理措置：基本指針⑥【維持管理（3）】

1　維持管理⑧：事業計画等による事業の安定性の確認
●項目の内容

> ⑧　特定社会基盤事業者※は，委託の相手方及び再委託の相手方等の事業安定性を，委託の相手方及び再委託の相手方等の事業計画（例えば，中期経営計画等），資産状況及び役務の提供実績等により確認している。
> ※　再委託の相手方等については，委託の相手方を通じて確認している場合も含む。

●内閣府共通解説

> 【解説】
> ・委託の相手方及び再委託の相手方等の事業の安定性を，中期経営計画等の事業計画や，決算関連資料，これまでの関連分野における役務の提供実績等を確認していることが考えられます。
> ※筆者補足：

「委託の相手方及び再委託の相手方等の事業の安定性」について，特定社会基盤事業者が「中期経営計画等の事業計画や，決算関連資料，これまでの関連分野における役務の提供実績等」から確認することを求めています。

【確認書類例】
・上記に代表される，委託の相手方及び再委託の相手方等の事業の安定性を示す書類

● **実践ガイド**

【重要維持管理の委託先及び再委託先等の事業安定性の確認】

（A）技術的対策：対象無し

（B）物理的対策：対象無し

（C）人的対策：対象無し

（D）組織的対策：

　以下について，ルールを規定し，契約管理部門・リスク管理部門等の第三者が定期的に遵守状況を確認する。

　※再委託の相手方等の実施状況は，委託の相手方を通じて確認してもよい。

1．委託の相手方及び再委託の相手方等の事業の安定性に関する，中期経営計画等の事業計画や，決算関連資料，これまでの関連分野における役務の提供実績等について，特定社会基盤事業者が情報の提供を受けている。

2．特定社会基盤事業者は，委託の相手方及び再委託の相手方等（再々委託先〜N次委託先）の事業の安定性について，中期経営計画等の事業計画や，決算関連資料，これまでの関連分野における役務の提供実績等の情報を踏まえて確認する。

第 4 章　リスク管理措置の実践ガイド　**151**

8　リスク管理措置：基本指針⑦【導入（4）・維持管理（4）】

1　導入⑭-1,2／維持管理⑨-1,2：過去 3 年間の国内関連法規及び国際的な基準の違反の確認

● 項目の内容

（導入）

⑭-1　特定社会基盤事業者は，特定重要設備の供給者が，届出を行う日の前日から起算して過去 3 年間の実績を含め，国内の関連法規や国際的に受け入れられた基準（それに基づいて各国で整備されている規制等を含む。）に反していないことを確認している。

⑭-2　特定社会基盤事業者※は，構成設備の供給者が，届出を行う日の前日から起算して過去 3 年間の実績を含め，国内の関連法規や国際的に受け入れられた基準（それに基づいて各国で整備されている規制等を含む。）に反していないことを確認している。

※　特定重要設備の供給者を通じて確認している場合も含む。

（維持管理）

⑨-1　特定社会基盤事業者は，委託の相手方が，届出を行う日の前日から起算して過去 3 年間の実績を含め，国内の関連法規や国際的に受け入れられた基準（それに基づいて各国で整備されている規制等を含む。）に反していないことを確認している。

⑨-2　特定社会基盤事業者※は，再委託の相手方等が，届出を行う日の前日から起算して過去 3 年間の実績を含め，国内の関連法規や国際的に受け入れられた基準（それに基づいて各国で整備されている規制等を含む。）に反していないことを確認している。

※　委託の相手方を通じて確認している場合も含む。

● 内閣府共通解説

【解説】
・「国内の関連法規」とは，特定社会基盤事業を規律する法令[注1]，設備の安全基準に関連する法令[注2]及び外国為替及び外国貿易法があります。

　具体的には，各省庁の技術的解説をご確認ください。
　（注1）　特定重要設備の導入等に係る当該特定社会基盤事業者を規律する業法を指します。
　（注2）　特定重要設備の導入等に係る当該特定社会基盤事業者を規律する業特有の設備の安全基準に関連する法令を指します。
・「国際的に受け入れられた基準」とは，国際商取引における外国公務員に対する贈賄の防止に関する条約や国連安保理決議に基づく制裁措置，特定重要設備の安全基準に関する国際的に受け入れられた基準を指します。
・「過去3年間の実績」とは，特定社会基盤事業者が届出を行う日の前日から起算して過去3年間に国内の関連法規や国際的に受け入れられた基準に反する行為を行ったことをいいます。
・「反していないこと」とは，国内の関連法規及び国際的に受け入れられた基準（それに基づいて各国で整備されている規制等を含む。）における罰則，処分の対象となる行為を行っていないこと及びこれらの違反に関与したと当局から指摘（書面により実施されたものに限る）されていないことをいいます。
・なお，仮に，特定重要設備の供給者が，届出を行う日の前日から起算して過去3年間の実績を含め，国内の関連法規や国際的に受け入れられた基準（それに基づいて各国で整備されている規制等を含む。）に反して

いた場合であっても，その後当該事由又はその原因の改善が図られている場合には，その旨備考欄に記載の上，本項目と実質的に同等の措置が実施できているとしてチェックを付すことが可能です。

【確認書類例】
・特定重要設備の供給者等が「過去3年間の実績を含め，国内の関連法規や国際的に受け入れられた基準に反していないこと」を表明した書類（法規等の具体的な名称は本項目の解説を参照して下さい。）

● 実践ガイド
【関連法規等の遵守状況（導入⑭-1，維持管理⑨-1）】
（A）技術的対策：対象無し
（B）物理的対策：対象無し
（C）人的対策：対象無し
（D）組織的対策：

　以下について，ルールを規定し，契約管理・法務部門等の第三者が定期的に遵守状況を確認する。

1．特定重要設備等の供給者（又は，重要維持管理等の相手方）について，過去3年間の実績を含め，以下に挙げるような「国内の関連法規」に反していないことを確認する。

　―特定社会基盤事業を規律する法令，設備の安全基準に関連する法令
　　(1)　銀行業：銀行法（昭和五十六年法律第五十九号）
　　(2)　系統中央機関が行うもの：信用金庫法（昭和二十六年法律第二百三十八号），労働金庫法（昭和二十八年法律第二百二十七号），中小企業等協同組合法（昭和二十四年法律第百八十一号），協同組合による金融事業に関する法律（昭和二十四年法律第百八十三号），農林中央金庫法（平成十三年法律第九十三号）

(3) 資金移動業，資金清算業，第三者型前払式支払手段の発行の業務を行う事業：資金決済に関する法律（平成二十一年法律第五十九号）

(4) 保険業：保険業法（平成七年法律第百五号）

(5) 取引所金融商品市場の開設の業務を行う事業，金融商品債務引受業，第一種金融商品取引業：金融商品取引法（昭和二十三年法律第二十五号）

(6) 信託業：信託業法（平成十六年法律第百五十四号）金融機関の信託業務の兼営等に関する法律（昭和十八年法律第四十三号）

(7) 預金保険法第34条に規定する業務を行う事業：預金保険法（昭和四十六年法律第三十四号）

(8) 振替業：社債，株式等の振替に関する法律（平成十三年法律第七十五号）

(9) 電子債権記録業：電子記録債権法（平成十九年法律第百二号）

―外国為替及び外国貿易法

2．特定重要設備等の供給者（又は，重要維持管理等の相手方）について，過去3年間の実績を含め，以下に挙げるような<u>「国際的に受け入れられた基準（それに基づいて各国で整備されている規制等を含む。）」</u>に反していないことを確認する。

―国際商取引における外国公務員に対する贈賄の防止に関する条約

―国連安保理決議に基づく制裁措置

（―特定重要設備の安全基準に関する国際的に受け入れられた基準

※金融分野においては，該当なし）

【関連法規等の遵守状況（導入⑭-2，維持管理⑨-2）】

（A）技術的対策：対象無し

（B）物理的対策：対象無し

（C）人的対策：対象無し

（D）組織的対策：

以下について，ルールを規定し，契約管理・法務部門等の第三者が定期的に遵守状況を確認する。

第 4 章　リスク管理措置の実践ガイド　**155**

※構成設備の供給者（又は，再委託の相手方等）については，特定重要設備の供給者（又は，委託の相手方）を通じて確認してもよい。

1．構成設備の供給者（又は，重要維持管理等の再委託の相手方等）について，過去 3 年間の実績を含め，以下に挙げるような「国内の関連法規」に反していないことを確認する。

―特定社会基盤事業を規律する法令，設備の安全基準に関連する法令

　(1)　銀行業：銀行法（昭和五十六年法律第五十九号）

　(2)　系統中央機関が行うもの：信用金庫法（昭和二十六年法律第二百三十八号），労働金庫法（昭和二十八年法律第二百二十七号），中小企業等協同組合法（昭和二十四年法律第百八十一号），協同組合による金融事業に関する法律（昭和二十四年法律第百八十三号），農林中央金庫法（平成十三年法律第九十三号）

　(3)　資金移動業，資金清算業，第三者型前払式支払手段の発行の業務を行う事業：資金決済に関する法律（平成二十一年法律第五十九号）

　(4)　保険業：保険業法（平成七年法律第百五号）

　(5)　取引所金融商品市場の開設の業務を行う事業，金融商品債務引受業，第一種金融商品取引業：金融商品取引法（昭和二十三年法律第二十五号）

　(6)　信託業：信託業法（平成十六年法律第百五十四号），金融機関の信託業務の兼営等に関する法律（昭和十八年法律第四十三号）

　(7)　預金保険法第34条に規定する業務を行う事業：預金保険法（昭和四十六年法律第三十四号）

　(8)　振替業：社債，株式等の振替に関する法律（平成十三年法律第七十五号）

　(9)　電子債権記録業：電子記録債権法（平成十九年法律第百二号）

―外国為替及び外国貿易法

2．構成設備の供給者（又は，重要維持管理等の再委託の相手方等）について，過去 3 年間の実績を含め，以下に挙げるような「国際的に受け入れられた基準（それに基づいて各国で整備されている規制等を含む。）」に反していない

ことを確認する。

―国際商取引における外国公務員に対する贈賄の防止に関する条約

―国連安保理決議に基づく制裁措置

（―特定重要設備の安全基準に関する国際的に受け入れられた基準

※金融分野においては，該当なし）

9 リスク管理措置：基本指針⑧【導入（5）・維持管理（5）】

1 導入⑮-1,2／維持管理⑩-1,2：外国の法的環境等による契約違反が生じたおそれがある場合の報告義務

●項目の内容

（導入）

⑮-1　特定社会基盤事業者は，特定重要設備の供給者が，外国の法的環境や外部主体の指示（明示的なものだけでなく暗黙の指示も含む。）によって，特定社会基盤事業者との契約に違反する行為が生じた可能性がある場合，これを特定社会基盤事業者に対して報告することを契約等により担保している。

⑮-2　特定社会基盤事業者※は，構成設備の供給者が，外国の法的環境や外部主体の指示（明示的なものだけでなく暗黙の指示も含む。）によって，特定社会基盤事業者又は特定重要設備の供給者等との契約に違反する行為が生じた可能性がある場合，これを特定社会基盤事業者又は特定重要設備の供給者等に対して報告することを契約等により担保している。
※　特定重要設備の供給者等を通じて担保している場合も含む。

（維持管理）

⑩-1　特定社会基盤事業者は，委託の相手方が，外国の法的環境や外部

主体の指示（明示的なものだけでなく暗黙の指示も含む。）によって，特定社会基盤事業者との契約に違反する行為が生じた可能性がある場合，これを特定社会基盤事業者に対して報告することを契約等により担保している。

⑩-2　特定社会基盤事業者※は，再委託の相手方等が，外国の法的環境や外部主体の指示（明示的なものだけでなく暗黙の指示も含む。）によって，特定社会基盤事業者又は再委託を行った者との契約に違反する行為が生じた可能性がある場合，これを特定社会基盤事業者又は再委託を行った者に対して報告することを契約等により担保している。

※　再委託を行った者を通じて担保している場合も含む。

● 内閣府共通解説

【解説】
・「外国の法的環境」とは，特定重要設備の供給者等の設立国等が日本国以外のため，外国法令の適用を受ける場合があることをいいます。
・「外部主体の指示（明示的なものだけでなく暗黙の指示も含む。）」とは，外部主体から供給者等に対して明確に命令等により指示した場合だけではなく，違法行為による強要や金銭の付与等によるそそのかしなどの暗黙の指示などを含みます。
・「契約等による担保」とは，外国の法的環境や外部主体の指示（明示的なものだけでなく暗黙の指示も含む。）によって，特定社会基盤事業者等との契約に違反する行為が生じている可能性がある場合は，特定社会基盤事業者等に直ちに報告することを契約条項として明記することが考えられます。

【確認書類例】
・外国の法的環境や外部主体の指示（明示的なものだけでなく暗黙の指示

も含む。）によって，特定社会基盤事業者等との契約に違反する行為が生じている可能性がある場合は，特定社会基盤事業者等に直ちに報告することを担保している契約書

● **実践ガイド**

【契約違反行為が生じる可能性についての報告の担保（導入⑮-1，維持管理⑩-1）】

（A）技術的対策：対象無し

（B）物理的対策：対象無し

（C）人的対策：対象無し

（D）組織的対策：

　以下について，ルールを規定し，契約管理・法務部門等の第三者が定期的に遵守状況を確認する。

1．特定重要設備等の供給者（又は，重要維持管理等の相手方）について，その設立国等を踏まえて，外国法令の適用を受ける可能性があるか確認する。

2．特定重要設備等の供給者（又は，重要維持管理等の相手方）について，特定社会基盤事業者との契約に違反する行為が生じている可能性がある場合に，特定社会基盤事業者へ直ちに報告することを，契約等で取り交わす。

【契約違反行為が生じる可能性についての報告の担保（導入⑮-2，維持管理⑩-2）】

（A）技術的対策：対象無し

（B）物理的対策：対象無し

（C）人的対策：対象無し

（D）組織的対策：

　以下について，ルールを規定し，契約管理・法務部門等の第三者が定期的に遵守状況を確認する。

第4章　リスク管理措置の実践ガイド　**159**

※構成設備の供給者（又は，再委託の相手方等）については，特定重要設備の供
　給者（又は，委託の相手方）を通じて確認してもよい。

1．構成設備の供給者（又は，重要維持管理等の再委託の相手方等）について，
　その設立国等を把握し，外国法令の適用を受ける可能性があるか確認する。

2．構成設備の供給者（又は，重要維持管理等の再委託の相手方等）が，特定
　重要設備等の供給者（又は，重要維持管理等の相手方）との契約に違反する
　行為が生じている可能性がある場合に，特定重要設備等の供給者等へ直ちに
　報告することを，契約等で取り交わして担保する。

2　導入⑯／維持管理⑪：映像機器の情報の取扱いの適切性確認（特定重要設備の設置場所）

● 項目の内容

（導入）

⑯　特定社会基盤事業者は，特定重要設備を設置し又は使用する場所にお
　　いて，監視カメラやドローン等の映像情報を得ることを目的とした機器
　　を設置し又は使用する場合，当該機器の供給者の本社等（供給者の総株
　　主等の議決権の過半数を直接又は間接に保有する者の本社等を含む。）
　　の立地する場所の法的環境等により，当該機器の映像情報の取扱いの適
　　切性が影響を受けないことを確認している。

（維持管理）

⑪　特定社会基盤事業者は，重要維持管理等を実施する場所において，監
　　視カメラやドローン等の映像情報を得ることを目的とした機器を設置し
　　又は使用する場合，当該機器の供給者の本社等（供給者の総株主等の議
　　決権の過半数を直接又は間接に保有する者の本社等を含む。）の立地す
　　る場所の法的環境等により，当該機器の情報の取扱いの適切性が影響を
　　受けないことを確認している。

● 内閣府共通解説

【解説】

・「映像情報の取扱いの適切性が影響を受けないこと」とは，映像情報を得ることを目的とした機器の供給者の本社等の立地する場所が日本国以外のため外国法令の適用を受ける場合などにおいて，外国法令に従い，映像情報を第三者に提供する等の行為が考えられることから，当該機器の供給者の本社等の立地する場所の法的環境を十分に確認する必要があります。

【確認書類例】

・映像情報を取ることを目的とした機器の供給者名が分かる書類

● 実践ガイド

【映像情報の取扱いの適切性（導入⑯，維持管理⑪）】

（Ａ）技術的対策：対象無し

（Ｂ）物理的対策：対象無し

（Ｃ）人的対策：対象無し

（Ｄ）組織的対策：

　以下について，ルールを規定し，契約管理・法務部門等の第三者が定期的に遵守状況を確認する。

1．特定重要設備を設置し又は使用する場所（又は，重要維持管理等を実施する場所）において，監視カメラやドローン等の映像情報を得ることを目的とした機器を設置又は使用する場合，当該機器の供給者の本社等（供給者の総株主等の議決権の過半数を直接又は間接に保有する者の本社等を含む。）が立地する場所の法的環境等を確認する。

2．映像情報を得ることを目的とした機器の供給者の本社の立地が日本国以外である場合，例えば外国法令の影響を受けて映像情報を第三者に提供する等

第 4 章　リスク管理措置の実践ガイド　**161**

の行為が考えられるかなど，映像情報の取扱いの適切性（保存場所等のデータ保護，参照履歴の取得や削除運用といった管理，当該機器の脆弱性管理など）を確認する。

10　リスク管理措置：基本指針⑨【導入（6）・維持管理（6）】

1　導入⑰／維持管理⑫：供給者に関する詳細な情報提供の担保

● 項目の内容

（導入）

⑰　特定社会基盤事業者は，特定重要設備及び構成設備の供給者の名称・所在地，役員や資本関係等，事業計画や実績，設備又は部品を製造する工場等の所在地，作業に従事する者の所属・専門性（情報セキュリティに係る資格・研修実績等）等に関する情報提供を受けられることを契約等により担保している。

　　また，特定社会基盤事業者は，契約締結後に上記の事項について変更があった場合に，適時に情報提供を受けることを契約等により担保している。

（維持管理）

⑫　特定社会基盤事業者は，委託の相手方及び再委託の相手方等の名称・所在地，役員や資本関係等，事業計画や実績，重要維持管理等の実施場所，作業に従事する者の所属・専門性（情報セキュリティに係る資格・研修実績等）等に関する情報提供を受けられることを契約等により担保している。

　　また，特定社会基盤事業者は，契約締結後に上記の事項について変更があった場合に，適時に情報提供を受けることを契約等により担保して

いる。

● 内閣府共通解説

【解説】

・「情報セキュリティに係る資格」とは，作業に従事する者の従事する業務や役割，責任に応じて，応用情報技術者試験やプロジェクトマネージャ試験やITサービスマネージャ試験，システム監査技術者試験などの国家試験に合格した情報処理技術者や，情報処理安全確保支援士，CISSP（Certified Information Systems Security Professional）などが考えられます。

【確認書類例】

・情報提供を受けられることを担保していることが分かる契約書

● 実践ガイド

【情報提供の担保】

（A）技術的対策：対象無し

（B）物理的対策：対象無し

（C）人的対策：対象無し

（D）組織的対策：

　以下について，ルールを規定し，契約管理・法務部門等の第三者が定期的に遵守状況を確認する。

1. 特定重要設備等の供給者（又は，重要維持管理等の委託の相手方等）との間で，以下の情報について提供を行うことを契約等で取り交わす。

　　―導入等計画書で届出を行う，特定重要設備の供給者（又は，重要維持管理等の委託の相手方）に関する事項※

※これらの情報を確認できる書類の提供についても担保する。バイパス報告が可能な情報については，その範囲を確認する。
　　・名称，代表者の氏名（個人の場合は氏名）
　　・住所
　　・設立準拠法国等（個人の場合は国籍等）
　　・議決権の５％以上を直接に保有する者の名称又は氏名，設立準拠法国等又は国籍等，議決権保有割合
　　・役員の氏名，生年月日，国籍等
　　・過去３年間において，外国政府等との取引に係る売上高が供給者の取引高の総額に占める割合が25％以上である場合，事業年度，その相手国，総額に占める割合
　　・（導入の場合）設備を製造する工場又は事業場の所在地
　—事業計画や実績，外国政府等の取引に係る売上高に関する情報
　—設備又は部品を製造する工場等の所在地
　—作業に従事する者の所属・専門性
2．特定重要設備等の供給者（又は，重要維持管理等の委託の相手方等）との間で，構成設備の供給者（又は，重要維持管理等の再委託の相手方等）に関する，以下の情報提供を行うこと，及び，当該情報について特定重要設備の供給者（又は，重要維持管理等の委託の相手方等）を通じて特定社会基盤事業者へ情報提供を行うことについて，契約等により担保する。
　—導入等計画書で届出を行う，特定重要設備の供給者（又は，重要維持管理等の委託の相手方）に関する事項※
　　※これらの情報を確認できる書類の提供についても担保する。バイパス報告が可能な情報については，その範囲を確認する。
　　　・名称，代表者の氏名（個人の場合は氏名）
　　　・住所
　　　・設立準拠法国等（個人の場合は国籍等）
　　　・議決権の５％以上を直接に保有する者の名称又は氏名，設立準拠法国等又は国籍等，議決権保有割合
　　　・役員の氏名，生年月日，国籍等
　　　・過去３年間において，外国政府等との取引に係る売上高が供給者の取引高

の総額に占める割合が25％以上である場合，事業年度，その相手国，総額に占める割合
　・（導入の場合）設備を製造する工場又は事業場の所在地
—事業計画や実績
—設備又は部品を製造する工場等の所在地
—作業に従事する者の所属・専門性
3．（D)-1,2について，契約締結後に変更があった場合，適時に情報提供を受けることを契約等により担保する。

11 実践ガイドにおける主要ポイントの解説

　リスク管理措置の実践ガイドにおいて，特に注意が必要と考えられる解釈のポイントや，複数のリスク管理措置の項目にわたって行う対策に関する整理の考え方などについて，主なものを紹介します。

1 「契約等により担保」が求められるリスク管理措置

金融庁QAに，以下の記載があります。

Q13-1．リスク管理措置のうち，標題部又はチェック欄に「契約等により担保」とされている措置について，どのように担保がされている場合にチェックをつけることが認められますか。また，その確認書類としては，どのようなものがありますか。

○標題部において「契約等により担保している」との記載がある場合でも，個々のチェック項目において「契約等により担保」とされていない（「確認している」とされているなど）箇所については，必ずしも「契約等により担保」されている必要はありませんが，通常こうした内容が将来行われることを確認するためには，契約等で担保することが想定されます。

第4章　リスク管理措置の実践ガイド　**165**

　第4章①1のとおり，リスク管理措置は「標題」と「項目」で構成されています。本QAにある「チェック欄」とは，「項目」のことです。ここに記載されているとおり，「項目」に「契約等により担保」という記載がなくとも，「標題」に当該記載がある場合[※1]は，「契約等により担保」することが求められていることに注意が必要です。

> ※1　基本指針①【導入(1)】，基本指針④【維持管理(1)】，基本指針⑤【維持管理(2)】，基本指針⑨【導入(6)・維持管理(6)】については，「標題」において「契約等により担保」することが求められています。

(例)　導入の「標題(1)」及び「項目①-1」

　項目では「確認している」となっていますが，標題で「契約等により担保」することが求められています。

標題	(1)「特定重要設備及び構成設備の供給者における製造等の過程で，特定重要設備及び構成設備に不正な変更が加えられることを防止するために必要な管理がなされ，当該管理がなされていることを特定社会基盤事業者が確認できることを**契約等により担保**している。
項目	①-1　特定社会基盤事業者は，特定社会基盤事業者等において，特定重要設備に悪意のあるコード等が混入していないかを確認するための受入検査その他の検証体制が構築されており脆弱性テストが導入までに実施されること[※]を確認している。 ※　当該特定重要設備の供給者及び当該特定重要設備の構成設備の供給者によって実施されるものを除く。

　なお，内閣府ホームページ[※2]にて，特定重要設備の導入及び重要維持管理等の委託に係る契約等の参考規定案が公開されています。規定案は，特定社会基盤事業者と特定重要設備の供給者（又は委託の相手方）との間の契約を想定した案（参考規定案類型Ⅰ）と，特定重要設備の供給者（又は委託の相手方）と構成設備の供給者（又は再委託の相手方）との間における契約を想定した案（参考規定案類型Ⅱ）の2種類があります。実際に，関係者間で契約等に関する協議を行う際は，この規定案を参考にすることになると思います。その際，

"本参考規定案は「標準」的な契約として示されるものではなく，また本参考規定案の採用が推奨又は強制されるものではない" とされていることに注意して下さい。それぞれの特定重要設備等の特徴や重要維持管理等の内容といった実態を踏まえて，本参考規定案を参考にしつつ関係者間で十分に協議し，合意形成を図ることが重要と考えられます。

> ※2　内閣府ホームページ：基幹インフラ役務の安定的な提供の確保に関する制度／参考情報／（委託調査）基幹インフラ制度に係る契約等の参考規定案について（https://www.cao.go.jp/keizai_anzen_hosho/suishinhou/infra/infra.html）

2　導入①-1,2で必要な「供給者ではない第三者」による措置

導入①-1,2で実施すべき対策は，受入検査他の確認体制の確立と，脆弱性テストの実施の2点ですが，実践ガイドでも触れたとおり，「供給者ではない第三者」による措置の実施が求められていることに注意が必要です。

この点については，内閣府共通解説（導入①-1,2の解説）で以下のように説明されています。

> なお，本項目においては，特定重要設備等の供給者が自ら行うものではなく，**第三者による受入検査及び脆弱性テストの客観性を担保することが重要である**との観点から，**特定重要設備等の供給者以外の第三者によって実施する措置を具体的な措置の内容として規定**しています。そのため，特定重要設備等の供給者が，受入検査や脆弱性テスト等を第三者に委託して実施させるものは，特定重要設備における「当該特定重要設備の供給者及び当該特定重要設備の構成設備の供給者によって実施されるもの」や構成設備における「当該構成設備の供給者によって実施されるもの」には含まれず，本項目で求める措置に該当します。

つまり，特定重要設備の供給者であるベンダー等が実施する受入検査及び脆弱性テストは，本項目の対策に該当しません（同様に，構成設備については構

【導入①-1,2が求める第三者の例】

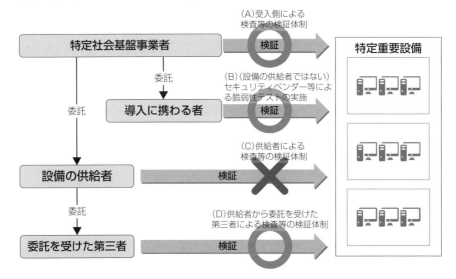

成設備の供給者が実施する受入検査及び脆弱性テストは，本項目の対策に該当しません）。特定社会基盤事業者自らが実施する場合や，特定社会基盤事業者か特定重要設備の供給者から委託を受けた第三者が実施する場合は，本項目の対策に該当します。

3 「不正な変更」に関するリスク管理措置

リスク管理措置における「不正な変更」及び「悪意のあるコード等の混入」については，内閣府共通解説にて以下の説明がなされています。

・「不正な変更」とは，不正プログラムを含む，特定社会基盤事業者が予期しない又は好ましくない特性を組み込むことを指します。（共通解説：導入④-1,2の解説）
・「悪意のあるコード等が混入」とは，特定重要設備及び構成設備の機能を停止又は低下するような設計書や仕様書に含まれていない意図してい

> ない機能が組み込まれることを指します。（共通解説：導入①-1,2の解
> 説）

　これらの説明を踏まえて，「悪意のあるコード等の混入」は，製造等の過程
で悪意のあるコード等が混入されることを指した「不正な変更」の１つである
と，本実践ガイドでは解釈しています。また，「不正な変更」への対策は，リ
スク管理措置において根幹となる措置であるため，複数の項目で対策が求めら
れています。そのため，それぞれの項目が求めている対策内容の違いなどにつ
いて，やや理解が難しくなっています。本実践ガイドでは，以下の３つのケー
スに分けて整理しています。

a)　導入過程で想定されるリスクに対する対策

項目	対策のポイント
導入①-1,2	導入までの過程で悪意のあるコード等が混入されていないことを確認するための対策を行うこと
導入④-1,2	製造工程において不正アクセス等によって行われる不正な変更に対して対策を行うこと
導入⑦	特定重要設備の設置（デプロイやリリース作業等）時に行われる不正な変更を防止する対策を行うこと

b)　供給を受けた設備に不正な変更が確認された場合を想定した対策

項目	対策のポイント
導入⑧-1,2	不正な変更やそのおそれが確認された場合を想定し，その場合に必要な対応を契約等により担保すること

c) 維持管理における不正な変更の有無の確認

項目	対策のポイント
維持管理①	維持管理等の委託において，特定重要設備の操作ログや作業履歴等から不正変更の有無を確認すること

4 「不正な変更の有無の確認」に関する対策

　「不正な変更の有無の確認」については，導入④-1,2・導入⑦・維持管理①の3項目で対策が求められています。ここでは，対策が求められる環境の違いとして整理します。また，不正な変更の有無の確認は「定期的な確認」と「随時の確認」の二通りが挙げられている点にも注意して下さい（なお，確認方法については，「項目」に記載がなくとも，「共通解説」で言及されている場合があります）。

　まず，対策が求められる環境については，以下の解釈を行っています。

項目	項目で求められる対策の対象	対策が必要な環境
導入④-1,2	製造工程（開発工程を含む）	製造環境（開発環境）
導入⑦	特定重要設備の設置（デプロイやリリース作業等）時	本番環境
維持管理①	特定重要設備の維持管理等	

　「不正な変更の有無の確認」は，導入④-1,2・導入⑦・維持管理①の3項目で対策が求められていますが，関連して導入③-1,2（品質保証体制の確立）にも注意してください。導入③-1,2の内閣府共通解説において「「「信頼できる品質保証体制」とは，特定重要設備等の製造工程（開発工程を含む。）において特定社会基盤事業者の意図しない変更が行われないことを保証する管理体制のことを指します。」とされています。「意図しない変更」は，「不正な変更」よりやや広いリスクを想定していると考えられますので，特定重要設備等の特徴を踏まえ，それぞれ適切にリスク及び対策の検討が必要です。

次に,「定期的な確認」と「随時の確認」については,以下のような解釈を行いました。

定期的な確認：変更に関するログや作業履歴等を管理・保管し,これらについてルール等により決められた頻度で,特徴的なアクセス・操作等がないかといった分析を踏まえた確認を行うこと

随時の確認：ソースやライブラリ等について変更を行う都度,（変更を行おうとする者以外の）第三者による変更内容の妥当性の確認や,監視ツールを用いた確認を行うこと

なお,本実践ガイドにおいては,アクセス制御におけるAAA（Authentication（認証）,Authorization（認可）,Accounting（アカウンティング））の考え方を踏まえて対策項目を挙げました。共通解説では認証と認可[※]を中心に対策が例示されていますが,本実践ガイドではアカウンティングの観点を追加しています。認証に成功したユーザに関するタイムスタンプ付き情報（入力コマンド,接続時間,システムイベント等）の収集・記録を行い,必要な確認を行うことを本実践ガイドでは付記しています。

　※認証は,相手が誰（何）であるかを確認することです。認可は,特定のリソースへのアクセスを許可することです。

また,リスク管理措置における不正な変更を防止するための不正アクセス対策とは,いわゆる「インターネット接続における境界防御」を示したものではないことに注意して下さい（導入⑥のみが,インターネット接続を前提として必要な対策を行う措置です）。

　導入④-1,2や導入⑦を例にすると,導入④-1,2の場合,例えば,変更しようとしている業務アプリケーションのソースコード,サーバ,オペレーティングシステムといった構成設備に対する変更者が,その変更を行うことが妥当かを確認することが求められている対策です。ある変更者が,本来は変更担当外であるはずの構成設備を変更しようとする場合などを,不正アクセスの可能性が

あるケースと捉えて，適切な予防・監視対策を行って下さい。

　導入⑦の場合は，特定重要設備の設置時に，同様の不正な変更を目的とした不正アクセスに対する適切な予防・監視対策を行って下さい。インターネット接続を経由した外部からの不正アクセスのリスクへの対策に留まらず，内部からの不正アクセスのリスクにも着目してリスクの評価及び対策を，特定社会基盤事業者として適切に実施することが重要です。

5　アクセス制限に関するリスク管理措置

　アクセス制限に関するリスク管理措置は，導入⑤-1,2・維持管理③・維持管理④の3項目で求められています。この3項目は，共通解説における解説が共通化されており，基本的な対策内容は同じです。本実践ガイドでは，各項目において対策が求められる環境の違いに着目して，対策内容を詳細化しました。

項目	項目で求められる 対策の対象	対策が必要な環境
導入⑤-1,2	製造環境（開発環境を含む）	製造環境・開発環境 （コードリポジトリ等）
維持管理③	設計書や設備等の情報	設計書及び設備の情報（電子媒体及び紙媒体）を使用や保管等をしている環境 ※「重要維持管理等の実施環境」以外を含む全ての環境が対象
維持管理④	重要維持管理等の実施環境	特定重要設備の維持管理及び操作を行う環境

　なお，本番環境のアクセス制限に関する対策を検討する際は，導入⑬もあわせて確認して下さい。導入⑬は，特定重要設備に対するアクセス制御及び不正アクセス監視の仕組みの実装を求めた措置です。

項目	対策のポイント
導入⑬	運用時のセキュリティ監視等の運用管理機能要件を明確化し，必要な措置を実装すること

6 セキュリティパッチ等の適用確認

　最新のセキュリティパッチが適用されているか否かの確認の対策については，導入②-1,2と維持管理②で挙げられています。また，セキュリティパッチの適用は脆弱性悪用のリスクを踏まえた予防措置ですが，導入⑥の共通解説において「特定重要設備に関連する脆弱性についての対策要件」の整備が求められています。そのため，本実践ガイドでは，導入⑥の対策項目として，セキュリティパッチの適用ルールの整備を挙げています。

項目	対策のポイント
導入②-1,2	導入までに，最新のセキュリティパッチが適用されていることを確認
維持管理②	設備の状況を把握し，定期的に最新のセキュリティパッチが適用されていることを確認
導入⑥	インターネット回線や公衆通信回線等の「特定重要設備の供給者外の通信回線」を「特定重要設備の供給者内の通信回線」に接続する場合，特定重要設備に関連する脆弱性についての対策要件を整備

7 組織的対策におけるルール等の定期的な遵守状況の確認

　本実践ガイドでは，各項目の「(D) 組織的対策」において，以下の対策を挙げています。

> ルールを規定し，品質管理部門[※]等の第三者が定期的に遵守状況を確認する。

※リスク管理措置の項目・解説・解釈の内容により，「品質管理部門」以外に，「契約管理・法務部門」や「人事・教育部門」等とも記述している。

　これは，(A) 技術的対策 (B) 物理的対策 (C) 人的対策 (D) 組織的対策に記載した個別の各対策について，以下の2点の実施を求める意図の記述です。

第4章　リスク管理措置の実践ガイド　**173**

- ルールを規定すること
- 対策の実施について，「実行者・組織ではない第三者」が遵守状況を定期的に確認すること

　リスク管理措置に挙げられた具体的な措置は，基本的には特定重要設備の供給者等が実施し，特定社会基盤事業者はその実施状況を確認することになります。特定社会基盤事業者が実施状況を確認するためには，特定重要設備の供給者等における「実行者・組織ではない第三者」がルール等の定期的な遵守状況の確認を行っているか否かを確認することが有効と考えられます。そのため，全ての項目における「（D）組織的対策」において，この対策の実施を求めています。また，第三者による定期的な確認は，導入③-1,2に挙げられている特定重要設備の供給者等における「信頼できる品質保証体制の確立」の対策としても，有効な対策です。

第 5 章

サプライチェーンセキュリティ
の更なる強化

金融セクターにおける基幹インフラ（重要設備）は，巨大なITシステムであり，グローバルに多くのサプライヤーやベンダーからの構成設備によって成り立っています。また，多くのサードパーティサービスと接続・連携して稼働し，サービスを提供しています。さらに，基幹インフラであるITシステムの維持管理や重要情報の取り扱いも，多くの委託先やサードパーティとの連携によって成り立っています。金融セクターにおける基幹インフラの安定的な提供の確保のためには，サプライチェーンセキュリティの概念と，そのリスク管理が非常に重要となります。

1 サプライチェーンセキュリティの重要性

近年，サイバー攻撃の手法が高度化・複雑化する中で，サプライチェーンセキュリティの重要性が急速に高まっています。特に，金融セクターにおいては，その特殊性からサプライチェーンセキュリティの確保が極めて重要な課題となっています。

本節では，サプライチェーンセキュリティの重要性について，サードパーティリスク管理との違い，経済安全保障推進法における位置づけ，そして金融セクターにおける特殊性の観点から詳細に解説します。

1 委託先管理，サードパーティリスク管理からサプライチェーンリスク管理へ

従来から委託先管理やサードパーティ管理（サードパーティリスク管理）という観点で自社（自組織）以外のグループ会社，取引先，業務委託先のリスク管理を行うことは重要なテーマでした。現状，若しくは今後は，委託先・サードパーティという概念を広げてサプライチェーン全体にわたってのリスク管理が重要となってきています。サードパーティリスク管理とサプライチェーンリスク管理は，しばしば混同されがちですが，その範囲と焦点に重要な違いがあります。

【サプライチェーンセキュリティの対象範囲】

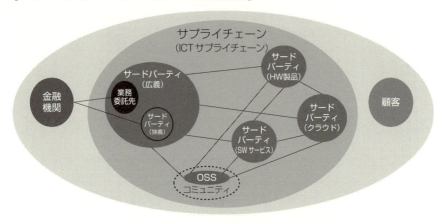

用語	定義（G7基礎的要素※）
サードパーティ	金融機関と組織との間に結ばれる，製品又はサービスを提供するためのあらゆる業務上の関係又は契約（組織内外は問わない）。
業務委託先	サードパーティ関係の重要な形態の1つ。金融機関自身により提供されていた業務の機能，サービス又はプロセスをサードパーティが（受託）提供する関係。
サプライチェーン（ICTサプライチェーン）	サードパーティ間の相互の結びつきからなる。ICTサプライチェーンには，全ての製品，サービス及びインフラに加え，それらの提供者，供給者及び製造業者も含まれる。

※G7サイバー・エキスパート・グループで策定・公表している「金融セクターにおけるサードパーティのサイバーリスクマネジメントに関するG7の基礎的要素」より作成

(参考資料)

・金融庁「金融セクターのサードパーティ・サプライチェーンのサイバーリスク管理に関する調査報告書」
https://www.fsa.go.jp/common/about/research/20231220/20231220.html

サードパーティリスク管理は，組織が直接取引関係を持つ外部の事業者（ベンダー，サプライヤー，サービスプロバイダーなど）に関連するリスクを管理することに焦点を当てています。

主な特徴は以下のとおりです。

- 直接的な取引関係に注目
- 個々の事業者ごとのリスク評価と管理
- 契約管理，パフォーマンス監視，コンプライアンス確認などが主な活動
- 比較的短期的な視点でのリスク管理

一方，サプライチェーンリスク管理は，製品やサービスの供給に関わる全ての段階と関係者を包括的に考慮します。

その特徴は以下のとおりです。

- 直接的な取引先だけでなく，二次，三次のサプライヤーまで考慮
- サプライチェーン全体の構造とプロセスに注目
- 長期的かつ戦略的な視点でのリスク管理
- 地政学的リスク，自然災害リスクなども考慮範囲に含む

サプライチェーンセキュリティは，このサプライチェーンリスク管理の一部であり，特にサイバーセキュリティの観点からサプライチェーン全体のセキュリティを確保することを目的としています。

2　金融セクターにおけるサプライチェーンセキュリティの特殊性

金融セクターは，その業務の性質上，特に高度なサプライチェーンセキュリティが求められます。金融セクターにおけるサプライチェーンセキュリティの特殊性は以下の点に表れています。

項目	金融セクターにおける特殊性
高度な信頼性要求	金融システムは国民生活と経済活動の基盤であり，極めて高い信頼性が要求されます。サプライチェーンの脆弱性が金融システムの信頼性を損なう可能性があります。
機密情報の保護	金融機関は顧客の個人情報や取引情報など，極めて機密性の高い情報を扱います。サプライチェーンを通じた情報漏洩のリスクは特に深刻です。
規制要件の厳格さ	金融機関は，他の産業に比べてより厳格な規制下にあります。サプライチェーンリスク管理もこれらの規制要件を満たす必要があります。
システムの複雑性	金融機関のITシステムは非常に複雑で，多くのサードパーティ製品やサービスに依存しています。これにより，サプライチェーンの管理が一層困難になっています。
リアルタイム性要求	多くの金融取引はリアルタイムで処理される必要があり，システムの可用性と性能に対する要求が極めて高くなっています。
グローバルな相互接続性	金融システムは国際的に相互接続されており，1つの脆弱性が世界的な影響を及ぼす可能性があります。
新技術の急速な導入	フィンテックの台頭などにより，新技術の導入が加速しています。これにより，新たなサプライチェーンリスクが生まれています。
決済システムの重要性	決済システムは金融インフラの中核であり，そのサプライチェーンセキュリティは特に重要です。

　これらの特殊性を考慮すると，金融セクターにおけるサプライチェーンセキュリティは，単なるリスク管理の一環ではなく，業務継続性と国家の経済安全保障に直結する重要課題であると言えます。

　金融機関は，これらの特殊性を十分に理解し，包括的かつ高度なサプライチェーンセキュリティ対策を実施する必要があります。同時に，規制当局や業界団体は，金融セクター特有のサプライチェーンリスクに対応するためのガイドラインや基準の策定を進めることが求められます。サプライチェーンセキュリティの重要性は今後さらに高まると予想され，特に金融セクターにおいては，経営戦略の中核に位置づけられるべき課題となっています。

　継続的なリスク評価，技術的対策の強化，人材育成，そして関係者との協力

第5章　サプライチェーンセキュリティの更なる強化　**181**

体制の構築など，多面的なアプローチでサプライチェーンセキュリティの強化に取り組むことが，金融機関の競争力維持と国家の経済安全保障確保の両面で不可欠となっています。

2　サプライチェーン攻撃・リスクの分類

　サプライチェーン攻撃は，組織のサプライチェーンの脆弱性を悪用して行われる攻撃です。これらの攻撃は，直接的な標的組織だけでなく，そのサプライヤーや顧客にも影響を及ぼす可能性があり，その影響範囲の広さから特に危険視されています。

　本節では，サプライチェーン攻撃・リスクを「ビジネスサプライチェーン攻撃」「サービスサプライチェーン攻撃」「ソフトウェアサプライチェーン攻撃」の3つに分類し，それぞれの特徴と具体的な事例について解説します。

1　ビジネスサプライチェーン攻撃

　ビジネスサプライチェーン攻撃は，組織の業務プロセスや取引関係を悪用して行われる攻撃です。この種の攻撃は，主に組織間の信頼関係や既存の業務フローの脆弱性を利用します。

　※「グループサプライチェーン攻撃」と表現されるケースもあります。

a）　特徴
- 正規の業務プロセスを悪用
- 人的要素を狙うことが多い
- 社会工学的手法を用いることが多い
- 金銭的利益を目的とすることが多い
- アイランドホッピング攻撃の手法を用いて，複数の組織を横断的に攻撃

b) 具体的な攻撃手法

攻撃手法	内容
ビジネスメール詐欺（BEC, Business E-mail Compromise）	攻撃者が企業の幹部や取引先になりすまし，メールで送金指示を出すなどの詐欺を行います。
偽の請求書攻撃	攻撃者が正規のサプライヤーになりすまし，偽の請求書を送付して不正な支払を誘導します。
サプライヤーポータルの侵害	取引先との情報共有ポータルを侵害し，機密情報を窃取したり，不正な取引を行ったりします。
物流ハイジャック	物流システムに侵入し，配送先を変更するなどして，物品を不正に入手します。
アイランドホッピング攻撃	セキュリティが比較的弱い小規模な取引先や子会社を最初の侵入点とし，そこから段階的に大企業や重要インフラを標的にする攻撃手法です。

【アイランドホッピング攻撃の概要】

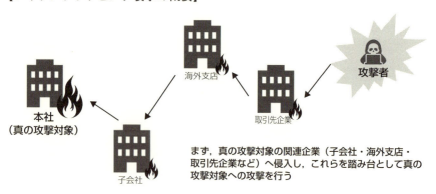

c) 事例

　2013年の米国小売大手Targetの情報漏洩事件は，空調設備管理会社のシステムが侵害され，そこからTargetのネットワークに侵入されたという，典型的なビジネスサプライチェーン攻撃の事例です。この事例はアイランドホッピング攻撃の要素も含んでおり，セキュリティが比較的弱い取引先を経由して最終的な標的に到達しています。

第5章　サプライチェーンセキュリティの更なる強化　**183**

　また，2020年に発覚した米国SolarWinds社を起点とする大規模サイバー攻撃も，アイランドホッピング攻撃の要素を含むビジネスサプライチェーン攻撃の一例です。攻撃者は米国SolarWinds社のシステムを侵害し，そこから多数の顧客組織に侵入しました。さらに，一部の組織では侵入後に横展開を行い，より重要なシステムやデータにアクセスしていたことが報告されています。本事例については，第5章④のサプライチェーン攻撃の事例研究でさらに詳細に解説します。

2　サービスサプライチェーン攻撃

　サービスサプライチェーン攻撃は，組織が利用する外部サービスや委託先を通じて行われる攻撃です。クラウドサービスやマネージドサービスの普及に伴い，この種の攻撃リスクが増大しています。

　※「デジタルサプライチェーン攻撃」と表現されるケースもあります。

a）　特徴

- サービスプロバイダーの特権アクセスを悪用
- 多数の顧客に同時に影響を与える可能性がある
- 被害組織が直接制御できない部分が攻撃対象となる
- クラウドサービスの設定ミスなどが攻撃の糸口になることがある

b）　具体的な攻撃手法

攻撃手法	内容
クラウドサービスプロバイダーの侵害	クラウドサービスプロバイダーのシステムに侵入し，多数の顧客データにアクセスします。
マネージドサービスプロバイダー（MSP）を介した攻撃	MSPのシステムを侵害し，そこから顧客企業のネットワークに侵入します。
APIの脆弱性を悪用した攻撃	サービス間連携のためのAPIの脆弱性を悪用し，不正アクセスを行います。
共有リソースの攻撃	クラウド環境の共有リソースの脆弱性を悪用し，他の顧客のデータにアクセスします。

c） 事例

2019年の米国CapitalOne社の情報漏洩事件は，AWSのクラウドサービスの設定ミスを悪用されたもので，サービスサプライチェーン攻撃の一例と言えます。

3　ソフトウェアサプライチェーン攻撃

ソフトウェアサプライチェーン攻撃は，ソフトウェアの開発，配布，更新プロセスを悪用して行われる攻撃です。この種の攻撃は，特に広範囲に影響を及ぼす可能性があり，近年急増しています。

a） 特徴

- 正規のソフトウェア更新プロセスを悪用することが多い
- 攻撃の検出が困難
- 広範囲に影響を及ぼす可能性がある
- 高度な技術を要することが多い

b） 具体的な攻撃手法

攻撃手法	内容
ソフトウェアの改ざん	正規のソフトウェアに悪意のあるコードを埋め込み，配布します。
開発環境の侵害	ソフトウェア開発環境に侵入し，ソースコードを改ざんします。
ライブラリの汚染	広く使用されているソフトウェアライブラリに悪意のあるコードを挿入します。
コード署名証明書の盗用	正規の開発者の署名証明書を盗み，悪意のあるソフトウェアに署名します。
アップデートサーバーの侵害	ソフトウェアの更新配布サーバーを侵害し，不正なアップデートを配布します。

c） 事例

2020年の米国SolarWinds社のOrionプラットフォームを介した大規模なサイ

バー攻撃は，ソフトウェアサプライチェーン攻撃の代表的な事例です。攻撃者は，米国SolarWinds社の開発環境に侵入し，正規のソフトウェア更新に悪意のあるコードを埋め込むことで，多数の組織に影響を与えました。本事例については，第５章②1のビジネスサプライチェーン攻撃の事例にも記載していますが，複合的な攻撃の事例となっています。第５章④のサプライチェーン攻撃の事例研究でさらに詳細に解説します。

4　金融機関に求められるサプライチェーンセキュリティ戦略

　ここまでに挙げた３つの分類は相互に関連しており，実際の攻撃では複数の要素が組み合わさることも多々あります。例えば，ソフトウェアサプライチェーン攻撃の結果，サービスサプライチェーンが侵害され，最終的にビジネスサプライチェーン攻撃につながるというシナリオも考えられます。金融機関は，これらの攻撃分類を理解し，自組織のサプライチェーン全体を包括的に評価する必要があります。特に，ソフトウェアサプライチェーン攻撃は，その影響の広範さと検出の困難さから，近年最も警戒すべき脅威の１つとなっています。サプライチェーン攻撃・リスクへの対策としては，以下のようなアプローチ（リスクベースアプローチ）が重要です。

(1)　サプライチェーンの可視化と継続的なリスク評価

(2)　サプライヤーのセキュリティ評価と監査の強化

(3)　ゼロトラストアーキテクチャの採用

(4)　多層防御戦略の実装

(5)　インシデント対応計画の策定と訓練

(6)　サプライチェーン全体でのセキュリティ意識の向上

　これらの対策を総合的に実施することで，サプライチェーン攻撃のリスクを軽減し，組織全体のセキュリティ態勢を強化することができます。次節以降では，特にソフトウェアサプライチェーンセキュリティに焦点を当て，より詳細な対策について解説していきます。

3 ソフトウェアサプライチェーンセキュリティの詳細

ソフトウェアサプライチェーンセキュリティは，ソフトウェアの開発から配布，運用，廃棄に至るまでの全ライフサイクルにおけるセキュリティリスクを管理することを目的としています。近年，ソフトウェアサプライチェーンを標的とした攻撃が増加しており，その影響の大きさから特に注目されています。本節では，ソフトウェアサプライチェーンセキュリティに関する主要なリスクと課題について詳細に解説します。

1 ソフトウェア開発ライフサイクルにおけるリスク

ソフトウェア開発ライフサイクル（SDLC, Software Development Life Cycle）の各段階には，固有のセキュリティリスクが存在します。これらのリスクを理解し，適切に対処することが，安全なソフトウェアの開発と運用につながります。

【ソフトウェア開発ライフサイクル（SDLC）の概要】

ソフトウェア開発ライフサイクル（SDLC）は，ソフトウェアの開発・運用から廃棄までの一連の段階的プロセスです。

要件定義・設計段階では，セキュリティ要件の不足や曖昧さが大きな問題となります。多くの場合，機能要件に注力するあまり，セキュリティ要件が後回

しにされたり，十分に考慮されなかったりします。また，脅威モデリングの欠如も深刻な問題です。潜在的な脅威を特定し，それに対する対策を設計段階で検討することが重要です。さらに，セキュアでない設計パターンの採用も，後々大きな脆弱性につながる可能性があります。

開発段階では，セキュアコーディングプラクティスの不遵守が主要なリスクとなります。開発者がセキュリティを意識せずにコードを書くと，脆弱性が作り込まれる可能性が高くなります。特に，入力検証の不備は多くの脆弱性の原因となります。また，ハードコードされた認証情報や適切なエラー処理の欠如も，攻撃者に悪用される可能性のある脆弱性を生み出します。

テスト段階では，セキュリティテストの不足（範囲及び質・量）が大きな問題となります。機能テストに注力するあまり，セキュリティテストが疎かになることがあります。脆弱性スキャン[1]やペネトレーションテスト[2]の省略は，重大な脆弱性を見逃す原因となります。

　※1　脆弱性スキャンは，システムやネットワーク内のセキュリティホールを検出するツールです。潜在的脅威を特定し，セキュリティ対策の実施を支援します。
　※2　ペネトレーションテストは，実際の攻撃を模してシステムやネットワークの脆弱性を評価する手法です。セキュリティ対策の有効性を確認し，改善点を特定するために専門家が実施します。

配布段階では，配布プロセスの不適切な保護が主要なリスクです。コード署名の不備や安全でない配布チャネルの使用は，攻撃者にソフトウェアの改ざんや偽造の機会を与えてしまいます。

運用・保守段階では，パッチ管理の遅延が深刻な問題となります。新たに発見された脆弱性に対するパッチを迅速に適用しないと，攻撃者に悪用される可能性が高くなります。また，セキュリティ監視の不足やインシデント対応計画の欠如も，攻撃を見逃したり，適切に対応できなかったりする原因となります。

最後に，廃棄段階では，機密情報の不完全な削除が主要なリスクとなります。適切にデータを消去しないと，廃棄されたシステムから機密情報が漏洩する可

能性があります。また，レガシーシステムの継続使用も，サポートが終了した
ソフトウェアの脆弱性を攻撃者に悪用される危険性があります。

　これらのリスクに対処するためには，セキュリティを考慮したSDLC（SecureSDLC）の採用が不可欠です。SecureSDLCでは，各段階でセキュリティ
活動を組み込み，継続的にリスクを評価・軽減します。例えば，要件定義段階
でセキュリティ要件を明確化し，設計段階で脅威モデリングを行い，開発段階
でセキュアコーディングプラクティスを適用し，テスト段階で包括的なセキュ
リティテストを実施するといった具合です。

2　オープンソースソフトウェアのセキュリティリスク

　オープンソースソフトウェア（OSS）の利用は，開発の効率化や革新の促進
に寄与する一方で，特有のセキュリティリスクも存在します。最も顕著なリス
クは，既知の脆弱性の問題です。広く使用されているOSSの脆弱性情報は公開
されやすく，攻撃者に悪用される可能性が高くなります。例えば，2021年に発
見されたLog4jの脆弱性（Log4Shell）[3]は，多くの組織に深刻な影響を与えま
した。

　　※3　Log4jの脆弱性については，第5章④2を参照。

　パッチ適用の遅延も大きな問題です。OSSの脆弱性が修正されても，それを
利用している組織でのパッチ適用が遅れるケースが多く見られます。これは，
OSSの利用状況の把握が不十分であったり，パッチ適用のプロセスが確立され
ていなかったりすることが原因です。

　ライセンス違反も見過ごせないリスクです。OSSのライセンス条項を適切に
理解し，遵守しないと，法的リスクだけでなく，セキュリティリスクにもつな
がる可能性があります。例えば，ソースコードの公開義務を怠ると，脆弱性の
発見や修正が遅れる可能性があります。

　サポート終了も重要な問題です。長期的なサポートが保証されていないOSS
を使用し続けることで，新たに発見された脆弱性に対処できなくなるリスクが

あります。

　悪意のあるコードの混入も深刻な脅威です。オープンな開発モデルを悪用し，攻撃者が悪意のあるコードを挿入するリスクがあります。2018年に発生したevent-streamライブラリへの暗号通貨盗難コードの挿入事件[4]は，この脅威の現実性を示す典型的な例です。

　※4　オープンソースのライブラリを利用した仮想通貨ウォレットに不正なコードが仕込まれ，ユーザーのビットコインを盗む企てがなされた事件。

　最後に，依存関係の複雑さも大きな課題です。多数のOSSライブラリに依存することで，管理が複雑化し，潜在的な脆弱性の把握が困難になります。これらのリスクに対処するためには，使用するOSSの慎重な選定，脆弱性情報の継続的な監視，適切なパッチ管理，そしてソフトウェア構成分析（SCA, Software Composition Analysis)[5]ツールの活用が重要です。特に，SCAツールは依存関係の可視化や既知の脆弱性の検出に有効です。

　※5　SCAについては，第5章⑤2を参照。

3　ソフトウェア更新プロセスを悪用した攻撃

　ソフトウェアの更新プロセスは，セキュリティパッチの適用や機能改善のために不可欠ですが，攻撃者によって悪用されるケースも増加しています。偽のアップデートサーバーを使用した攻撃は，正規のアップデートサーバーになりすまし，悪意のあるコードを配布するという手法です。ユーザーは正規の更新だと信じてこれをインストールしてしまい，結果として感染してしまいます。

　マンインザミドル攻撃は，更新プロセス中の通信を傍受し，悪意のあるコードを注入する手法です。特に，暗号化されていない通信や，適切に検証されていない通信を狙って行われます。

　アップデートサーバーの侵害は，正規のアップデートサーバー自体を攻撃者が制御下に置き，そこから悪意のあるコードを配布する手法です。2017年に発生したCCleaner攻撃[6]は，この手法の典型的な例です。

※6 CCleanerというソフトウェア（PC最適化ツール）の正規のアップデートファイルにマルウェアが混入され，配布された事件。

ビルドプロセスの侵害は，ソフトウェアのビルド環境を攻撃者が侵害し，ビルド時に悪意のあるコードを挿入する手法です。2020年に発生した米国Solar-Winds攻撃[7]は，この手法を用いた大規模なサプライチェーン攻撃として知られています。

※7 米国SolorWinds攻撃の詳細については，第5章④1を参照。

自動更新機能の悪用は，ソフトウェアの自動更新機能を悪用し，ユーザーの介入なしに悪意のあるコードを配布する手法です。ユーザーが気づかないうちに感染が広がるため，特に危険です。

これらの攻撃に対処するためには，更新プロセス全体のセキュリティ強化が必要です。具体的には，強力な暗号化，コード署名の厳格な検証，更新サーバーの多要素認証，更新内容の完全性チェックなどが重要です。また，更新プロセスの監視と異常検知も効果的な対策となります。

4 ソフトウェア依存関係の複雑性がもたらすリスク

現代のソフトウェア開発では，多数のライブラリやフレームワークを利用することが一般的です。しかし，この依存関係の複雑さは，新たなセキュリティリスクをもたらします。最も大きな問題は可視性の欠如です。使用している全ての依存関係を把握することが困難になっており，どのコンポーネントにどのような脆弱性が存在するかを正確に把握することが難しくなっています。

間接的な依存関係も重要な問題です。直接利用しているライブラリが別のライブラリに依存している場合，その二次，三次の依存関係にある脆弱性も影響を受けることになります。これらの間接的な依存関係を追跡し，管理することは非常に困難です。

バージョン互換性の問題も深刻です。依存関係のアップデートが他のコン

ポーネントと互換性がない場合，更新が遅れるリスクがあります。これにより，既知の脆弱性を含む古いバージョンのライブラリを使い続けざるを得ない状況が生じることがあります。

ライブラリの突然の変更も大きなリスクです。広く使用されているライブラリが突然変更されることで，多くのプロジェクトに影響が及ぶ可能性があります。2016年に発生したleft-padインシデント[8]は，この問題の典型的な例です。

※8 left-padというJavaScriptライブラリが作者の意向で取り下げられたため，当該ライブラリを利用していたパッケージ群が稼働しなくなった事件。

さらに，サプライチェーン攻撃の拡大リスクも無視できません。1つの広く使用されているライブラリが侵害されると，それに依存する多数のプロジェクトに影響が及ぶ可能性があります。

これらのリスクに対処するためには，ソフトウェア部品表（SBOM，Software Bill of Materials）[9]の作成と管理，依存関係の定期的な監査，自動化されたSCAツールの活用が重要です。SBOMを活用することで，使用している全てのコンポーネントとその依存関係を可視化し，潜在的なリスクを特定することができます。また，SCAツールを用いて継続的に依存関係をスキャンし，既知の脆弱性を検出することも効果的です。

※9 SBOMについては，第5章⑤3を参照。

5　コード署名の偽造や悪用

コード署名は，ソフトウェアの信頼性と完全性を保証するための重要な技術ですが，攻撃者によって悪用されるケースも増加しています。署名鍵の盗難は最も深刻な脅威の1つです。開発者の署名鍵が盗まれると，攻撃者は正規の開発者になりすまして悪意のあるコードに署名することができます。これにより，ユーザーは悪意のあるコードを正規のソフトウェアだと誤認してしまう可能性があります。

証明書の不正取得も重大な問題です。攻撃者が正規の認証局から不正に証明

書を取得すると，正規の開発者として認識される可能性があります。これは，認証局の審査プロセスの脆弱性や，ソーシャルエンジニアリングなどの手法を用いて行われることがあります。

タイムスタンプの操作も危険です。署名の有効期限を操作し，失効した証明書を使用するリスクがあります。これにより，既に無効となっているはずの証明書が依然として有効であるかのように見せかけることができます。

弱い署名アルゴリズムの使用も問題です。古い，または脆弱な署名アルゴリズムを使用していると，署名自体が破られる可能性があります。暗号技術の進歩に伴い，かつては安全とされていたアルゴリズムが脆弱になることもあるため，常に最新の強力なアルゴリズムを使用することが重要です。

署名検証の不備も見過ごせません。クライアント側で適切に署名を検証しないと，偽造された署名や無効な署名を持つソフトウェアが受け入れられてしまう可能性があります。これは，ソフトウェアの配布側だけでなく，利用側のセキュリティ意識と実装の問題でもあります。

これらのリスクに対処するためには，包括的なアプローチが必要です。まず，署名鍵の厳格な管理が不可欠です。鍵の生成，保管，使用，廃棄に至るまでの全プロセスにおいて，厳重なセキュリティ対策を講じる必要があります。多くの場合，HSM（Hardware Security Module）の使用が推奨されます。

次に，強力な署名アルゴリズムの使用が重要です。現在の推奨は，RSA-3072以上またはECDSA-384以上のアルゴリズムを使用することです。また，ハッシュアルゴリズムとしてはSHA-256以上を使用すべきです。

定期的な証明書のローテーションも効果的な対策です。証明書の有効期間を適切に設定し，定期的に新しい証明書に更新することで，万が一証明書が漏洩した場合のリスクを軽減できます。

クライアント側での厳格な署名検証も重要です。署名の存在確認だけでなく，証明書チェーンの検証，失効確認，タイムスタンプの検証など，複数の観点から署名の有効性を確認する必要があります。

さらに，コード署名プロセス全体の監査と定期的な見直しも不可欠です。内

第5章　サプライチェーンセキュリティの更なる強化　**193**

部監査や第三者による外部監査を通じて，プロセスの脆弱性を特定し，継続的に改善していくことが重要です。

6　ソフトウェアサプライチェーンセキュリティの実践に求められる事項

結論として，ソフトウェアサプライチェーンセキュリティは，ソフトウェア開発と運用の全段階にわたる包括的なアプローチが必要です。単一の対策だけでは不十分であり，多層防御の考え方に基づいた総合的なセキュリティ戦略が求められます。例えば，SecureSDLCの採用，オープンソースソフトウェアの適切な管理，更新プロセスのセキュリティ強化，依存関係の可視化と管理，そしてコード署名の厳格な実施など，複数の対策を組み合わせて実施する必要があります。

また，これらのリスクは常に進化しているため，継続的な監視と評価，そして対策の更新が不可欠です。組織は，最新の脅威情報を常に収集し，自社のソフトウェアサプライチェーンの脆弱性を定期的に評価し，必要に応じて対策を強化していく必要があります。

さらに，組織内でのセキュリティ文化の醸成も重要です。開発者，運用者，管理者など，ソフトウェアライフサイクルに関わる全ての人々が，サプライチェーンセキュリティの重要性を理解し，日々の業務の中でセキュリティを意識することが求められます。

次節では，これらのリスクに対する具体的な対策と，ソフトウェアサプライチェーンセキュリティを強化するためのベストプラクティスについて詳しく解説します。組織の規模や業種，取り扱う情報の重要度などに応じて，適切な対策を選択し，実装していくことが重要です。

4　ソフトウェアサプライチェーン攻撃の事例研究

ソフトウェアサプライチェーン攻撃の実態と影響を理解するために，近年発生した代表的な事例を詳細に分析します。これらの事例から得られる教訓は，

今後のセキュリティ対策の強化に不可欠です。

1　SolarWinds攻撃

　2020年12月に発覚した米国SolarWinds社を起点とする大規模サイバー攻撃は，ソフトウェアサプライチェーン攻撃の深刻さを世界に知らしめました。この攻撃は，その規模と洗練された手法により，サイバーセキュリティ業界に大きな衝撃を与えました。

　攻撃者は，まず米国SolarWinds社の開発環境に侵入しました。この侵入がいつ，どのように行われたかは明確になっていませんが，少なくとも2019年9月には攻撃者が開発環境にアクセスしていたと考えられています。攻撃者は，開発環境内で長期間にわたり潜伏し，米国SolarWinds社の内部プロセスや開発手法を詳細に調査したと推測されます。

　次に，攻撃者は米国SolarWinds社のOrionプラットフォームの正規アップデートに悪意のあるコード（SUNBURSTバックドア）を挿入しました。このコードは非常に巧妙に作られており，通常の動作を模倣しつつ，バックドアとして機能するよう設計されていました。さらに，攻撃者は米国SolarWinds社の正規の電子署名を使用してこの悪意のあるアップデートに署名しました。これにより，改ざんされたアップデートは正規のものとして認識され，多くのセキュリティチェックをすり抜けることができました。

　感染したアップデートは，2020年3月から6月にかけて約18,000の顧客に配布されました。これらの顧客には，米国の政府機関や大手企業が多数含まれていました。しかし，攻撃者は全ての感染システムを標的としたわけではありません。代わりに，特に価値の高いターゲットを選別し，それらに対して2次攻撃を仕掛けました。

　攻撃者は，感染したシステムを通じて，被害組織のネットワークに長期間潜伏し，機密情報を窃取しました。この段階では，攻撃者は高度な回避技術を駆使し，検出を避けながら活動を続けました。例えば，C2（コマンド＆コントロール）通信にはDNSプロトコルを使用し，正規の通信と区別がつきにくい

ようにしました。また，活動のタイミングを被害組織の業務時間に合わせるなど，異常な活動として検出されにくい工夫も施されていました。

【米国SolarWinds社を起点とするサイバー攻撃の概要】

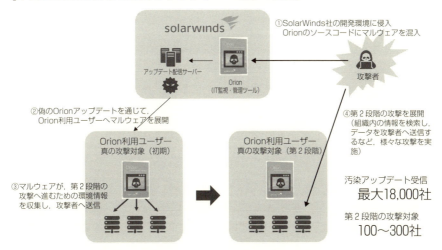

この攻撃の特徴として，以下の点が挙げられます。

高度な持続的脅威（APT, Advanced Persistent Threat）：攻撃は少なくとも2019年から開始され，長期間にわたって検出されませんでした。攻撃者は忍耐強く，慎重に活動を行い，検出を回避し続けました。

サプライチェーンの悪用：攻撃者は，広く信頼されていたソフトウェアベンダーを介して攻撃を行いました。これにより，直接攻撃することが困難な高度なセキュリティを持つ組織にも侵入することができました。

正規の署名の悪用：悪意のあるコードは正規の電子署名で署名されていたため，検出が非常に困難でした。これは，多くの組織が信頼していた検証プロセスの限界を露呈させました。

巧妙な潜伏技術：攻撃者は高度な技術を用いて長期間の潜伏に成功しました。これには，正規の通信を模倣したＣ２通信，業務時間内のみの活動，既知のマルウェアとは異なる独自のコードの使用などが含まれます。

選択的な二次攻撃：全ての感染システムではなく，特に価値の高いターゲットのみに対して二次攻撃を行いました。これにより，攻撃の検出をさらに困難にしました。

この事例から得られる主な教訓は以下のとおりです。

ソフトウェア開発環境のセキュリティ強化の重要性：開発環境自体が攻撃のターゲットとなり得ることを認識し，厳重に保護する必要があります。これには，アクセス制御の強化，継続的なモニタリング，定期的なセキュリティ監査などが含まれます。

サードパーティソフトウェアの継続的な監視と評価の必要性：信頼できるベンダーのソフトウェアであっても，潜在的なリスクがあることを認識し，継続的に監視・評価する必要があります。これには，ソフトウェアの動作の異常検知，更新プロセスの厳格な管理などが含まれます。

ゼロトラストアーキテクチャの採用：全てのアクセスを信頼せず，常に検証するゼロトラストモデルの採用が重要です。これにより，たとえ信頼されたソフトウェアを介して侵入されても，被害を最小限に抑えることができます。

異常検知能力の向上：高度な攻撃を検出するためには，従来のシグネチャベースの検出だけでなく，振る舞いベースの異常検知能力を強化する必要があります。さらに，機械学習やAIを活用した高度な検出技術の導入も有効な対策と考えられます。

インシデント対応能力の強化：攻撃の発見から対応，復旧までの一連のプロセスを迅速かつ効果的に実行できる能力が必要です。これには，専門チームの育成，定期的な訓練，適切なツールの導入などが含まれます。

米国SolarWinds攻撃は，サプライチェーンを通じた攻撃の脅威を明確に示し，従来のセキュリティ対策の限界を露呈させました。この事例を教訓として，組織はサプライチェーンセキュリティを含む包括的なセキュリティ戦略を再考し，実装する必要があります。

2 Log4j脆弱性

2021年12月9日に公開されたApache Log4jライブラリの重大な脆弱性（CVE-2021-44228, 通称Log4Shell）は，広く使用されているオープンソースソフトウェアの脆弱性がもたらすリスクを浮き彫りにしました。この脆弱性は，その影響範囲の広さと攻撃の容易さから，サイバーセキュリティ業界に大きな衝撃を与えました。

Log4jは，Javaアプリケーションで広く使用されているロギングライブラリです。この脆弱性は，特定のログメッセージを処理する際に，信頼できないデータソースからのコードを実行してしまう可能性があるというものでした。攻撃者は，この脆弱性を悪用して，影響を受けるシステム上で任意のコードを実行することができました。

脆弱性の影響範囲は極めて広く，大手テクノロジー企業（Apple, Amazon, Twitter（現X）など）の製品やサービスにも影響がありました。また，クラウドサービス，エンタープライズソフトウェア，IoTデバイスなど，様々なシステムが影響を受けました。Apache Software Foundationは迅速にパッチをリリースしましたが，その後も新たな脆弱性が発見され，複数回のアップデートが必要となりました。多くの組織が，自社システムにおけるLog4jの使用状況の把握に苦労し，パッチの適用には依存関係の複雑さや運用上の制約から，時間がかかるケースが多く見られました。

この脆弱性の特徴として，以下の点が挙げられます。

広範囲な影響：Log4jの普及度の高さから，世界中の無数のシステムに影響がありました。これは，広く使用されているライブラリの脆弱性がいかに大きな影響を及ぼすかを示しています。

容易な攻撃：簡単な文字列を送信するだけで攻撃が可能であり，攻撃の敷居が低いものでした。これにより，多くの攻撃者が容易に脆弱性を悪用できる状況が生まれました。

長期的な影響：脆弱性の修正と適用に時間がかかるため，長期的な脅威となり

【Log4jライブラリの脆弱性を用いた攻撃の概要】

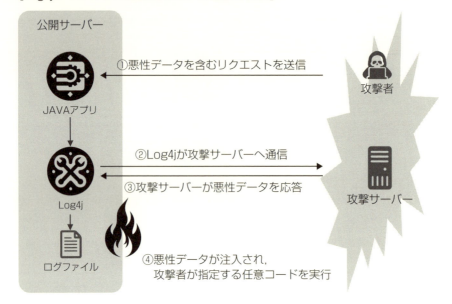

ました。多くの組織が，影響範囲の特定と修正に長期間を要しました。

検出の困難さ：Log4jがどこで使用されているかを特定することが難しく，影響評価に時間がかかりました。これは，多くの組織がソフトウェアコンポーネントの包括的な管理を行っていなかったことを露呈させました。

継続的な脅威：初期の脆弱性修正後も新たな問題が発見され，継続的な対応が必要となりました。これは，複雑なソフトウェアの脆弱性対応が1回の修正で終わらない可能性を示しています。

この事例から得られる主な教訓は以下のとおりです。

使用しているオープンソースコンポーネントの把握と管理の重要性：全ての依存関係を含む，包括的なソフトウェアインベントリの維持が必要です。これにより，脆弱性が発見された際に迅速に影響範囲を特定し，対応することができます。

迅速なパッチ適用体制の必要性：重大な脆弱性に対して迅速に対応できる体制を整える必要があります。これには，パッチ適用のプロセスの自動化や，テスト環境の整備などが含まれます。

ソフトウェア部品表（SBOM）の重要性：使用している全てのソフトウェアコンポーネントを把握し，管理するためのSBOMの作成と維持が重要です。これにより，脆弱性の影響範囲を迅速に特定し，対応することができます。

深層防御戦略の採用：単一の脆弱性が全システムに影響を与えないよう，多層的な防御策を講じる必要があります。これには，ネットワークセグメンテーション，最小権限の原則の適用，異常検知システムの導入などが含まれます。

セキュリティ監視の強化：未知の脆弱性の悪用を早期に検出するため，異常検知能力を向上させる必要があります。これには，高度なログ分析，振る舞い分析，AIを活用した異常検知などが含まれます。

> Log4j脆弱性は，広く使用されているソフトウェアコンポーネントの脆弱性がいかに大きな影響を及ぼすかを明確に示しました。この事例を教訓として，組織はソフトウェア依存関係の管理を見直し，脆弱性対応プロセスを強化する必要があります。

3　XZUtilsバックドア

　2024年3月に発見されたXZUtilsのバックドアは，広く使用されているオープンソースソフトウェアの信頼性に深刻な疑問を投げかける事件となりました。この事件は，オープンソースソフトウェアの開発と管理のプロセスに関する重要な課題を浮き彫りにし，セキュリティコミュニティに大きな衝撃を与えました。

　XZUtilsは，データ圧縮と解凍のためのユーティリティで，多くのLinuxディストリビューションで標準的に使用されています。2024年3月，XZUtilsの主要開発者であるJia Tan氏が，自身のソフトウェアにバックドアを仕込んでい

たことが発覚しました。

　バックドアは特定の条件下で動作し，システムに不正アクセスを可能にするものでした。具体的には，攻撃者が特定のIPアドレスからアクセスした場合に，システム上で任意のコードを実行できるようになっていました。このバックドアは巧妙に隠蔽されており，通常のコード審査では発見が困難でした。

　XZUtilsは多くのLinuxディストリビューションで使用されているため，潜在的な影響範囲が非常に広いと考えられました。しかし，バックドアが実際に悪用された形跡は確認されていません。

　バックドアは，オープンソースコミュニティのメンバーによるコード審査中に発見されました。発見後，迅速に修正版がリリースされ，主要なLinuxディストリビューションも速やかにアップデートを提供しました。

【XZUtilsリポジトリへの攻撃者の関わりの経緯】

　この事件の特徴として，以下の点が挙げられます。

信頼された開発者による内部脅威：長年信頼されてきた開発者が，自らバックドアを仕込んだという点で衝撃的でした。これは，オープンソースコミュニティの信頼モデルに重大な課題を提起しました。

長期間の潜伏：バックドアを仕込む活動が入念かつ長期にわたって行われました。長期間にわたって，フルタイムで作業にあたるという膨大なリソースを投入し

ていることから，政府背景の攻撃者であるのではないかとも推測されています。

広範囲な影響：多くのシステムで使用されているソフトウェアであったため，潜在的な影響が大きいと考えられました。これは，基盤的なソフトウェアの脆弱性がいかに広範囲に影響を及ぼす可能性があるかを示しています。

巧妙な隠蔽：バックドアは巧妙に隠蔽されており，通常のコード審査では発見が困難でした。これは，悪意のあるコードの検出がいかに困難であるかを示しています。

オープンソースの信頼モデルへの挑戦：この事件は，オープンソースソフトウェアの開発と管理のプロセスに疑問を投げかけました。特に，単一の開発者に過度に依存することのリスクが明らかになりました。

この事例から得られる主な教訓は以下のとおりです。

オープンソースソフトウェアの監査と検証の重要性：広く使用されているソフトウェアであっても，定期的な監査と検証が必要です。これには，コードレビュー，静的解析，動的解析など，複数の手法を組み合わせたアプローチが必要です。

単一の開発者や組織への過度の依存のリスク：重要なソフトウェアの開発と管理を，単一の個人や組織に完全に委ねることのリスクが明らかになりました。複数の開発者や組織が関与する分散型の開発モデルを採用することで，このリスクを軽減できる可能性があります。

コード審査プロセスの強化：より厳格で多角的なコード審査プロセスの必要性が示されました。これには，自動化されたツールの活用，複数の専門家による審査，定期的な再審査などが含まれます。

セキュリティ研究者とオープンソースコミュニティの協力の重要性：コミュニティの協力によって脅威が発見され，迅速に対応できた点が重要です。セキュリティ研究者とオープンソースコミュニティの継続的な協力関係の構築が必要です。

ソフトウェア部品表（SBOM）の重要性：使用している全てのソフトウェア

コンポーネントを把握し，迅速に対応するためのSBOMの必要性が再認識されました。SBOMを活用することで，脆弱性が発見された際に迅速に影響範囲を特定し，対応することができます。

XZUtilsバックドア事件は，オープンソースソフトウェアの信頼性と安全性に関する重要な課題を提起しました。この事例を教訓として，組織はオープンソースソフトウェアの利用と管理のプロセスを見直し，より強固なセキュリティ対策を講じる必要があります。同時に，オープンソースコミュニティ全体として，開発プロセスの透明性を高め，多様な参加者による検証メカニズムを強化していくことが求められます。

4　金融セクターにおけるソフトウェアサプライチェーン攻撃事例

　金融セクターも例外ではなく，ソフトウェアサプライチェーン攻撃の標的となっています。

　以下に，金融セクターに特化した事例を紹介します。

a）　SWIFT銀行間決済システム攻撃

　2016年2月に発生したSWIFT（Society for Worldwide Interbank Financial Telecommunication）銀行間決済システムへの攻撃は，金融セクターにおけるサプライチェーン攻撃の深刻さを示す重要な事例となりました。この攻撃は，その巧妙さと金銭的被害の大きさから，金融業界に大きな衝撃を与えました。

　攻撃者は，バングラデシュ中央銀行のSWIFTシステムに侵入しました。侵入の正確な方法は公開されていませんが，マルウェアを使用してSWIFTのローカルシステムを改ざんしたと考えられています。攻撃者は，正規のSWIFTソフトウェアを改変し，不正な送金指示を隠蔽する機能を追加しました。

　この改ざんにより，攻撃者は複数の不正送金を実行しました。最初の4件の

送金（計8,100万ドル）は成功しましたが，5件目の送金（9億ドル）は，受取銀行の職員の警戒心により阻止されました。結果として，約8,100万ドルが盗まれ，その大部分が回収されていません。

　この攻撃の特徴として，以下の点が挙げられます。

正規システムの改ざん：攻撃者は，正規のSWIFTソフトウェアを改ざんすることで，通常のセキュリティチェックをすり抜けました。これにより，不正な取引が正規の取引として処理されました。

高度な隠蔽技術：攻撃者は，不正送金の痕跡を消去し，バックアップシステムも改ざんしました。これにより，攻撃の発見と調査が困難になりました。

内部プロセスの悪用：攻撃者は，銀行の内部プロセスと送金手続きに関する深い知識を持っていたと考えられます。これは，金融機関の内部情報が何らかの形で漏洩していた可能性を示唆しています。

大規模な金銭的被害：この攻撃により，1回の作戦で8,100万ドルという巨額の資金が盗まれました。これは，サイバー攻撃が金融システムに与え得る直接的な経済的影響の大きさを示しています。

国際的な影響：この攻撃は，国際的な銀行間決済システムを標的としたものであり，グローバルな金融システムの脆弱性を露呈させました。

　この事例から得られる主な教訓は以下のとおりです。

重要な金融システムの多層的な保護の必要性：単一のセキュリティ層に依存するのではなく，複数の独立したセキュリティ層を設けることが重要です。これには，ネットワークセグメンテーション，多要素認証，異常検知システムなどが含まれます。

取引監視システムの強化：不正な取引を迅速に検出し，阻止するための高度な監視システムが必要です。これには，AIや機械学習を活用した異常検知技術の導入が有効です。

インシデント対応と国際協力の重要性：サイバー攻撃に迅速かつ効果的に対応

するためには，組織内のインシデント対応能力の強化と，国際的な協力体制の構築が不可欠です。

ソフトウェアの完全性検証の重要性：重要なシステムで使用されるソフトウェアの完全性を定期的に検証する仕組みが必要です。これには，コード署名の検証，ハッシュ値の確認，定期的な監査などが含まれます。

内部脅威対策の強化：内部情報の漏洩や内部者の共謀の可能性を考慮し，アクセス権限の厳格な管理，内部監査の強化，従業員教育の徹底などが必要です。

> SWIFT銀行間決済システム攻撃は，金融システムのサプライチェーンセキュリティの重要性を明確に示しました。この事例を教訓として，金融機関はシステムの保護，監視，インシデント対応能力を強化し，国際的な協力体制を構築する必要があります。

b） Finastra社へのランサムウェア攻撃

2020年3月20日に発生した英国Finastra社へのランサムウェア攻撃は，金融テクノロジープロバイダーを標的としたサプライチェーン攻撃の危険性を示す重要な事例となりました。この攻撃は，金融サービスの提供に特化したソフトウェア企業が標的となったことで，金融セクター全体に大きな影響を与えました。

英国Finastra社は，90カ国以上で事業を展開し，世界の100大銀行のうち90行以上を顧客に持つ大手金融ソフトウェアプロバイダーです。攻撃者は，英国Finastra社のネットワークに侵入し，ランサムウェアを展開しました。攻撃の詳細な手法は公開されていませんが，一般的なランサムウェア攻撃と同様に，ネットワーク内での横展開とデータの暗号化が行われたと考えられます。

攻撃を検知した英国Finastra社は，被害の拡大を防ぐために，影響を受けたシステムを一時的にシャットダウンしました。これにより，同社のホステッドソリューションを利用していた多数の銀行顧客のサービスが中断されました。

第5章　サプライチェーンセキュリティの更なる強化　**205**

この攻撃の特徴として，以下の点が挙げられます。

金融テクノロジープロバイダーの標的化：攻撃者は，多数の金融機関にサービスを提供する企業を標的としました。これにより，一度の攻撃で広範囲に影響を与えることができました。

サービス中断による広範な影響：英国Finastra社のシステムシャットダウンにより，多数の銀行顧客のサービスが中断されました。これは，サプライチェーン攻撃が間接的に多くの組織に影響を及ぼす可能性を示しています。

ランサムウェアの使用：攻撃にランサムウェアが使用されたことで，データの暗号化とサービスの中断という二重の脅威が生じました。

クラウドサービスの脆弱性：英国Finastra社のホステッドソリューションが影響を受けたことで，クラウドサービスのセキュリティの重要性が浮き彫りになりました。

迅速な対応と透明性：英国Finastra社は攻撃を検知後，迅速にシステムをシャットダウンし，顧客や公衆に対して状況を公開しました。この対応は，被害の拡大防止と信頼維持に寄与しました。

この事例から得られる主な教訓は以下のとおりです。

クラウドサービスプロバイダーのセキュリティ評価の重要性：金融機関は，利用するクラウドサービスプロバイダーのセキュリティ態勢を厳格に評価し，継続的にモニタリングする必要があります。

事業継続計画（BCP）の必要性：サービスプロバイダーの障害に備えて，代替手段や復旧計画を含む包括的なBCPを策定し，定期的に訓練を行う必要があります。

サードパーティリスク管理の強化：金融機関は，重要なサービスプロバイダーに対するリスク評価，監査，セキュリティ要件の明確化を強化する必要があります。

セグメンテーションとゼロトラストアーキテクチャの採用：ネットワークのセグメンテーションとゼロトラストモデルの採用により，攻撃の影響範囲を限

定し，横展開を防ぐことができます。

インシデント対応計画の重要性：サービスプロバイダーの障害を想定したインシデント対応計画を策定し，定期的に訓練を行う必要があります。

透明性とコミュニケーションの重要性：インシデント発生時の迅速かつ透明性のある情報公開と，ステークホルダーとの効果的なコミュニケーションの重要性が再確認されました。

英国Finastra社へのランサムウェア攻撃は，金融テクノロジープロバイダーを介したサプライチェーン攻撃の潜在的な影響の大きさを明確に示しました。この事例を教訓として，金融機関はサードパーティリスク管理を強化し，クラウドサービスの利用に関するセキュリティ戦略を見直す必要があります。同時に，サービス中断に備えた事業継続計画の強化と，インシデント対応能力の向上が求められます。

5　事例研究から得られる主要な教訓

これらの事例研究から得られる主要な教訓は以下のとおりです。

(1) サプライチェーン全体のセキュリティ評価と監視の重要性

(2) 多層防御戦略の採用

(3) インシデント対応計画の策定と定期的な訓練

(4) サードパーティリスク管理の強化

(5) 継続的な脆弱性管理とパッチ適用

(6) セキュアな開発プラクティスの採用

(7) 従業員の教育と意識向上

(8) オープンソースソフトウェアの慎重な評価と管理

(9) コード審査とセキュリティテストの強化

(10) 業界内及び国際的な情報共有と協力の促進

金融機関は，これらの教訓を活かし，自社のソフトウェアサプライチェーンセキュリティを継続的に評価し，改善していく必要があります。特に，オープンソースソフトウェアの利用に関しては，その利点を活かしつつ，潜在的なリスクに対する適切な管理が求められます。

次節では，これらの教訓に基づいた具体的な対策と実践的なアプローチについて詳しく解説します。

5 ソフトウェアサプライチェーンセキュリティ対策の実践

ソフトウェアサプライチェーンセキュリティを強化するためには，包括的かつ体系的なアプローチが必要です。本節では，具体的な対策と実践的なアプローチについて詳しく解説します。

【ソフトウェア開発ライフサイクルを通じた対策】

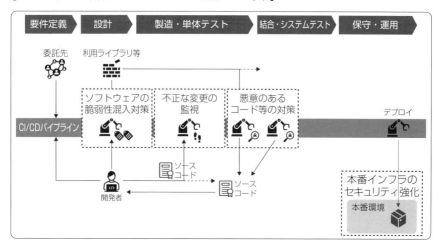

1 セキュアな開発プラクティスの導入（DevSecOps）

　DevSecOpsは，開発（Development），セキュリティ（Security），運用（Operations）を統合したアプローチで，ソフトウェア開発ライフサイクル全体にセキュリティを組み込むことを目的としています。このアプローチは，従来のセキュリティ対策が開発の最終段階や運用段階で行われることが多かった問題点を解決し，開発の初期段階からセキュリティを考慮することで，より安全で信頼性の高いソフトウェアを効率的に開発することを可能にします。

　DevSecOpsを効果的に実践するためには，まず要件定義段階からセキュリティ要件を明確化し，ユーザーストーリーに組み込むことが重要です。これにより，機能要件と同様にセキュリティ要件も開発プロセスの中核に位置づけられ，後付けではなく設計段階から考慮されるようになります。具体的には，各機能に対するセキュリティ要件を明文化し，それらを満たすための具体的な実装方法や検証方法を定義します。また，セキュリティ要件のチェックリストを作成し，レビュープロセスに組み込むことで，開発の早期段階からセキュリティを考慮することができます。このチェックリストには，入力検証，認証・認可，暗号化，ログ記録などの基本的なセキュリティ対策から，特定の業界や規制に関連する要件まで，幅広い項目を含めることが望ましいです。

　自動化されたセキュリティテストは，DevSecOpsの重要な要素の1つです。CI/CD（継続的インテグレーション／継続的デリバリー）パイプラインにSAST（静的アプリケーションセキュリティテスト），DAST（動的アプリケーションセキュリティテスト），SCA（ソフトウェア構成分析）ツールを統合することで，コードの変更やコミットごとに自動的にセキュリティスキャンを実行し，問題を早期に発見し修正することができます。これにより，セキュリティの問題が本番環境にリリースされるリスクを大幅に低減できます。さらに，これらのツールの結果を開発者にリアルタイムでフィードバックすることで，セキュアコーディングの習慣を促進し，長期的にはセキュリティ問題の発生自体を減少させることができます。

　インフラストラクチャ・アズ・コード（IaC）のセキュリティも，DevSec-

Opsにおいて重要な考慮事項です。IaCテンプレートにセキュリティベストプラクティスを組み込むことで，インフラストラクチャのプロビジョニング時から一貫したセキュリティ設定を適用することができます。また，IaCスキャンツールを使用してセキュリティ設定の誤りを検出することで，潜在的な脆弱性を事前に特定し，修正することができます。これは，クラウド環境やコンテナ化されたアプリケーションの普及に伴い，特に重要性を増しています。

　DevSecOpsの成功には，セキュリティチームを開発プロセスに深く統合することが不可欠です。従来のモデルでは，セキュリティチームは開発プロセスの外部に位置し，主に監査や承認の役割を果たしていましたが，DevSecOpsでは，セキュリティ専門家をスクラムチームに直接組み込み，開発者と密接に協働します。これにより，セキュリティの専門知識を開発の早期段階から活用し，潜在的な問題を事前に特定し解決することができます。また，セキュリティレビューをスプリントの定常タスクとして設定することで，継続的にセキュリティを考慮した開発が可能になります。

　組織全体のセキュリティ意識を高めることも，DevSecOpsの重要な側面です。開発者向けのセキュアコーディングトレーニングを定期的に実施し，最新の脅威動向や攻撃手法に関する情報共有セッションを開催することで，開発者自身がセキュリティの重要性を理解し，日々の開発作業の中でセキュリティを考慮できるようになります。これらのトレーニングや情報共有は，単なる講義形式ではなく，ハンズオンワークショップや実際のコードレビューセッションなど，実践的な形式で行うことが効果的です。

　さらに，DevSecOpsの文化を組織に根付かせるためには，経営層の理解と支援が不可欠です。セキュリティを「開発を遅らせる障害」ではなく，「製品の品質と信頼性を高める重要な要素」として位置づけ，適切な資源と時間を割り当てることが重要です。また，セキュリティ対策の成果を可視化し，経営層に定期的に報告することで，継続的な支援を得ることができます。

　DevSecOpsの導入は，一朝一夕には実現できません。組織の現状を評価し，段階的に実装していくアプローチが効果的です。まずは小規模なパイロットプ

ロジェクトから始め，成功事例を積み重ねながら，徐々に組織全体に展開していくことが推奨されます。また，導入後も継続的に効果を測定し，プロセスを改善していくことが重要です。

最後に，DevSecOpsは技術的な側面だけでなく，組織文化の変革も必要とします。開発者，運用者，セキュリティ専門家が相互に理解を深め，協力して問題解決に当たる文化を醸成することが，長期的な成功の鍵となります。このような文化変革を促進するためには，部門間の壁を取り払い，オープンなコミュニケーションを奨励する組織的な取り組みが必要です。

2　ソフトウェア構成分析（SCA）ツールの活用

ソフトウェア構成分析（SCA, Software Composition Analysis）ツールは，現代のソフトウェア開発において不可欠な存在となっています。これらのツールは，使用しているオープンソースコンポーネントの脆弱性や法的リスクを自動的に検出し，管理するための強力な機能を提供します。SCAツールの重要性は，ソフトウェア開発の複雑化とオープンソースコンポーネントの広範な使用に伴い，ますます高まっています。

SCAツールの選定と導入は，組織のセキュリティ戦略において重要な決定事項です。選定にあたっては，組織の規模，開発プロセス，使用している技術スタック，そして特有のセキュリティ要件を考慮する必要があります。代表的なSCAツールとしては，Snyk, Mend SCA（旧WhiteSource），Black Duckなどがありますが，各ツールには独自の特徴や強みがあるため，複数のツールを比較評価することが推奨されます。

選定したSCAツールは，（CI/CD）パイプラインに統合することが極めて重要です。これにより，コードの変更やビルドの度に自動的にスキャンが実行され，新たに導入された脆弱性や法的リスクを迅速に検出することができます。（CI/CD）パイプラインへの統合は，セキュリティをソフトウェア開発ライフサイクルの早期段階に組み込む「シフトレフト」アプローチの実現にも貢献します。

効果的なSCA戦略には，包括的なスキャン計画が不可欠です。全てのプロ

ジェクトに対して定期的なスキャンを実施することで，既存の依存関係に新たに発見された脆弱性がないかを継続的に確認できます。また，新しい依存関係が追加されたときに自動的にスキャンを実行するよう設定することで，新たなリスクの即時検出が可能になります。これらの継続的なスキャンと監視により，組織全体のソフトウェアサプライチェーンのセキュリティ状況を常に最新の状態で把握することができます。

　SCAツールの有効性は，その脆弱性データベースの質と更新頻度に大きく依存します。そのため，選択したSCAツールの脆弱性データベースが常に最新の状態に保たれていることを確認することが重要です。多くのSCAツールは，NVD（National Vulnerability Database）などの公開データベースと連携していますが，それぞれ独自の脆弱性情報源も持っています。さらに，組織固有の脆弱性情報や，特定の業界に関連する脆弱性情報を追加することで，より精度の高いリスク評価が可能になります。

　SCAツールの効果を最大化するためには，組織のリスク許容度に基づいたポリシーの設定が不可欠です。例えば，特定の重大度以上の脆弱性が検出された場合にビルドを自動的に失敗させるルールを設定することで，高リスクのコンポーネントが本番環境にデプロイされることを防ぐことができます。また，ライセンスコンプライアンスに関するポリシーを設定し，組織のオープンソース利用ポリシーに違反するライセンスを持つコンポーネントの使用を防ぐこともできます。

　SCAツールから得られる情報を組織全体で効果的に活用するためには，適切な報告と可視化が重要です。経営層向けのダッシュボードを作成し，組織全体のリスク状況を一目で把握できるようにすることで，セキュリティ投資の意思決定を支援することができます。同時に，開発チームやプロジェクト管理者向けに，より詳細な脆弱性レポートを自動生成することで，具体的な改善アクションの計画と実行を促進することができます。

　さらに，SCAツールの結果を他のセキュリティツール（例：SAST，DAST）の結果と統合することで，より包括的なセキュリティ評価が可能になります。

これにより，オープンソースコンポーネントの脆弱性だけでなく，自社開発コードの脆弱性も含めた全体的なリスク評価を行うことができます。

　最後に，SCAツールの導入は技術的な側面だけでなく，組織文化の変革も必要とします。開発者がSCAツールを日常的に使用し，その結果に基づいて適切な対応を取るためには，継続的な教育とサポートが不可欠です。セキュリティチームは，SCAツールの使用方法や結果の解釈について，定期的なトレーニングセッションを開催し，開発者からの質問や懸念に迅速に対応できる体制を整えることが重要です。

　このように，SCAツールの効果的な活用は，技術的な導入から組織文化の変革まで，多岐にわたる取り組みを必要とします。しかし，これらの努力は，ソフトウェアサプライチェーンのセキュリティ強化と，それに伴うビジネスリスクの低減という形で，確実に組織に価値をもたらすでしょう。

3　ソフトウェア部品表（SBOM）の作成と管理

　ソフトウェア部品表（SBOM, Software Bill of Materials）は，ソフトウェアを構成する全てのコンポーネントを包括的に記録した文書です。これには，自社開発のコード，サードパーティから調達したライブラリ，そしてオープンソースソフトウェア（OSS）が含まれます。SBOMは，ソフトウェアサプライチェーンの透明性を高め，セキュリティリスクを管理するための重要なツールとして，近年その重要性が急速に高まっています。

　SBOMに含めるべき情報は多岐にわたります。最も基本的な情報として，各コンポーネントの名称とバージョンが挙げられますが，これだけでは十分ではありません。ライセンス情報は，法的リスクを管理する上で極めて重要です。特にOSSの場合，ライセンス条項の遵守が求められるため，正確な情報が必要です。開発元や提供元の情報は，コンポーネントの信頼性を評価する際に役立ちます。依存関係の情報は，あるコンポーネントの脆弱性が他のコンポーネントにどのように影響するかを理解する上で重要です。既知の脆弱性情報を含めることで，セキュリティリスクの迅速な評価と対応が可能になります。

SBOMの活用方法は多岐にわたり，その価値は組織全体に及びます。まず，リスク評価の観点では，使用しているコンポーネントの脆弱性スコアや，サポート状況，更新頻度などを総合的に評価することで，ソフトウェア全体のリスクレベルを把握できます。新たな脆弱性が発見された際には，SBOMを参照することで，影響を受ける可能性のあるシステムやアプリケーションを迅速に特定し，対応の優先順位づけを行うことができます。

ライセンスコンプライアンスの面では，SBOMを活用することで，使用しているOSSのライセンス条項を一元管理し，潜在的な法的リスクを事前に特定・回避することが可能になります。これは，特にOSSの利用が増加している現代のソフトウェア開発において，非常に重要な側面です。

セキュリティインシデント発生時には，SBOMが迅速な対応の鍵となります。攻撃の影響範囲を特定する際，SBOMを参照することで，影響を受けた可能性のあるコンポーネントとそれらを使用しているシステムを迅速に把握できます。これにより，効率的かつ効果的なインシデント対応が可能になります。

SBOMの作成と管理を効果的に行うためには，自動化が不可欠です。ビルドプロセスの一部としてSBOMを自動生成することで，常に最新の情報を維持することができます。この際，CycloneDXやSPDXなどの標準フォーマット※を採用することが重要です。これらの標準フォーマットを使用することで，ツール間の互換性が確保され，他組織とのSBOM共有や，自動化ツールの導入が容易になります。

※CycloneDX：OWASP（Open Web Application Security Project）コミュニティによるSBOMフォーマット

SPDX：Linux FoundationによるSBOMフォーマット

SBOMの管理には，専用のリポジトリを構築することが推奨されます。このリポジトリでは，SBOMのバージョン管理を行い，各バージョンのSBOMとそれに対応するソフトウェアバージョンとのトレーサビリティを確保します。これにより，過去の任意の時点におけるソフトウェアの構成を正確に把握することが可能になります。

SBOMの継続的な更新と維持も重要です。コンポーネントの更新や変更が行われた際には，自動的にSBOMも更新されるようにプロセスを設計する必要があります。また，定期的にSBOMの内容を検証し，必要に応じて手動で修正を加えることも重要です。特に，自動ツールでは検出できない情報（例：社内で開発されたコンポーネントの詳細情報）については，手動での更新が必要になる場合があります。

SBOMを組織の他のプロセスと統合することで，その価値をさらに高めることができます。例えば，脆弱性管理プロセスにSBOMを統合することで，新たな脆弱性が公開された際に，影響を受けるコンポーネントを自動的に特定し，対応チームに通知することが可能になります。同様に，インシデント対応プロセスにSBOMを組み込むことで，攻撃の影響範囲の特定や，復旧計画の立案を迅速に行うことができます。

SBOMの共有も重要な側面です。取引先や規制当局とのSBOM共有プロセスを確立することで，サプライチェーン全体でのリスク管理を強化できます。ただし，SBOMには機密情報が含まれる可能性があるため，共有の際にはセキュリティに十分注意を払う必要があります。セキュアなSBOM共有プラットフォームを構築し，アクセス制御や暗号化などの対策を講じることが重要です。

最後に，SBOMの作成と管理は継続的なプロセスであり，組織の成熟度に応じて段階的に実装していくことが推奨されます。まずは主要なシステムやアプリケーションからSBOMの作成を始め，徐々に範囲を拡大していくアプローチが効果的です。また，SBOMの品質と完全性を継続的に向上させていくことも重要です。定期的な監査や，自動化ツールの改善，担当者のスキル向上などを通じて，SBOMの価値を最大化していく必要があります。

4 SAST/DAST/IASTを活用した脆弱性・不正プログラム検知

SAST（静的アプリケーションセキュリティテスト），DAST（動的アプリケーションセキュリティテスト），IAST（インタラクティブアプリケーションセキュリティテスト）は，ソフトウェアの脆弱性や不正プログラムを検出する

第5章　サプライチェーンセキュリティの更なる強化　**215**

ための重要なアプローチです。これらのテスト手法を適切に組み合わせることで，ソフトウェア開発ライフサイクル全体を通じて，包括的なセキュリティ検証を実現することができます。

a）　SAST（静的アプリケーションセキュリティテスト）

SASTは，ソースコードを解析し，潜在的な脆弱性を特定する手法です。開発の早期段階から導入することで，問題を早期に発見し，修正コストを抑えることができます。

SASTの効果的な実施には，以下の点に注意が必要です。

ポイント	内容
カスタムルールの作成	組織固有のコーディング規約や，特定の脆弱性パターンを検出するためのカスタムルールを作成します。これにより，汎用的なSASTツールでは検出できない，組織特有の問題を特定することができます。
フォールスポジティブの管理	SASTツールは誤検出（フォールスポジティブ）を生成することがあります。これらを適切に管理し，真の脆弱性と区別することが重要です。フォールスポジティブを分析し，ツールの設定を調整したり，除外ルールを設定したりすることで，検出精度を向上させることができます。
継続的な精度向上	SASTツールの結果を定期的にレビューし，検出ルールや設定を調整することで，検出精度を継続的に向上させます。また，新たな脆弱性パターンや攻撃手法に対応するため，ツールを定期的にアップデートすることも重要です。
開発プロセスへの統合	SASTをCI/CDパイプラインに統合し，コードのコミットやプルリクエスト時に自動的にスキャンを実行します。これにより，問題を早期に発見し，開発者にフィードバックすることができます。

b）　DAST（動的アプリケーションセキュリティテスト）

DASTは，実行中のアプリケーションに対して模擬攻撃を行い，脆弱性を検出する手法です。実際の動作環境での問題を特定できるため，SASTを補完する重要なテスト手法です。

DASTの効果的な実施には，以下の点に注意が必要です。

ポイント	内容
テスト環境の準備	本番環境に近い条件でのテストを実施するため，データやコンフィグレーションが本番と同等のテスト環境を準備します。これにより，より正確な脆弱性検出が可能になります。
定期的な実行	新機能の追加や既存機能の変更の度に，DASTを実行します。また，定期的（例：週次や月次）にスキャンを実施することで，新たな脆弱性の早期発見につながります。
APIセキュリティテストの統合	近年，APIを介した攻撃が増加しているため，APIに特化したセキュリティテストをDASTに統合することが重要です。API固有の脆弱性（不適切な認証，過度な公開など）を検出するためのテストケースを追加します。
認証・認可のテスト	様々な権限レベルのユーザーアカウントを使用してDASTを実行し，認証バイパスや権限昇格の脆弱性を検出します。
動的スキャンの範囲拡大	シングルページアプリケーション（SPA）やJavaScriptを多用したアプリケーションでは，従来のDASTツールでは十分なカバレッジが得られないことがあります。このような場合，クローラーの設定調整やカスタムスクリプトの作成により，スキャン範囲を拡大します。

c） IAST（インタラクティブアプリケーションセキュリティテスト）

IASTは，アプリケーション内部から情報を収集し，リアルタイムで脆弱性を検出する手法です。SASTとDASTの利点を組み合わせたアプローチとして，近年注目を集めています。

IASTの効果的な実施には，以下の点に注意が必要です。

ポイント	内容
エージェントの導入	テスト環境にIASTエージェントを導入します。このエージェントは，アプリケーションの動作を監視し，脆弱性につながる可能性のある動作を検出します。
手動テストとの組み合わせ	IASTは自動テストだけでなく，手動テストと組み合わせることで効果を発揮します。テスターが様々な操作を行う中で，IASTエージェントがリアルタイムで脆弱性を検出します。
リアルタイムフィードバックループの構築	IASTで検出された脆弱性を，開発者にリアルタイムでフィードバックするシステムを構築します。これにより，開発者が即座に脆弱性を認識し，修正することが可能になります。

コードカバレッジの向上	IASTは実行されたコードのみを分析するため，テストケースの充実度がカバレッジに直結します。網羅的なテストケースを準備し，アプリケーションの様々な機能や条件分岐をカバーすることが重要です。
パフォーマンスへの影響の考慮	IASTエージェントの導入により，アプリケーションのパフォーマンスに影響が出る可能性があります。テスト環境でのパフォーマンス評価を行い，必要に応じてエージェントの設定を調整します。

d）　統合アプローチと自動化

　これらのテスト手法を効果的に活用するためには，統合的なアプローチと自動化が重要です。

ポイント	内容
結果の統合管理	SAST，DAST，IASTの結果を統合管理するプラットフォームを構築します。これにより，異なるツールで検出された脆弱性を一元的に管理し，優先順位づけを行うことができます。
相関分析	複数ツールの結果を相関分析することで，より正確な脆弱性の特定が可能になります。例えば，SASTで検出された潜在的な脆弱性が，DASTやIASTでも確認された場合，その脆弱性の信頼性は高いと判断できます。
CI/CDパイプラインへの統合	これらのセキュリティテストをCI/CDパイプラインに統合し，自動化されたテストプロセスを確立します。例えば，コミットごとにSASTを実行し，ビルドごとにDASTを実行するなど，開発プロセスの各段階で適切なテストを自動的に実行します。
ビルド承認／拒否プロセスの実装	テスト結果に基づいて，自動的にビルドを承認または拒否するプロセスを実装します。例えば，重大な脆弱性が検出された場合はビルドを失敗させ，開発者に修正を促します。
継続的な改善	テスト結果や検出された脆弱性のトレンドを分析し，開発プロセスやセキュリティ施策の改善に活用します。定期的に検出ルールやテスト範囲を見直し，新たな脅威に対応できるよう更新します。

　これらのアプローチを組み合わせることで，ソフトウェア開発ライフサイク

ル全体を通じて，包括的かつ効果的な脆弱性検出を実現することができます。ただし，これらのツールはあくまで補助的なものであり，セキュリティ専門家による分析や，開発者のセキュリティ意識向上との組み合わせが，真に効果的なセキュリティ対策につながることを忘れてはいけません。

5　コード署名と完全性検証の強化

コード署名は，ソフトウェアの信頼性と完全性を保証するための重要な技術です。この技術は，ソフトウェアの開発者や発行元を確認し，配布後にソフトウェアが改ざんされていないことを保証するために使用されます。特に，ソフトウェアサプライチェーンセキュリティの文脈では，コード署名は悪意のあるコードの挿入や正規のソフトウェアの改ざんを防ぐ重要な防御線となります。

コード署名の強化のポイントとして，以下の要素が挙げられます。

ポイント	内容
強力な暗号アルゴリズムの使用	コード署名には，最新かつ強力な暗号アルゴリズムを使用することが不可欠です。現在は，RSA-3072以上またはECD-SAP-384以上のアルゴリズムが推奨されています。また，ハッシュアルゴリズムとしてはSHA-256以上を使用すべきです。これらの強力なアルゴリズムを使用することで，署名の偽造や破られるリスクを最小限に抑えることができます。
HSM（Hardware Security Module）を利用した安全な鍵管理	署名鍵の安全な管理は，コード署名セキュリティの要です。HSMは，暗号鍵を安全に生成，保存，使用するための専用ハードウェアデバイスです。HSMを使用することで，署名鍵が物理的に保護され，ソフトウェア攻撃や物理的な攻撃からも守られます。また，HSMは鍵の使用ログを記録し，不正な使用を検出することもできます。
タイムスタンプの活用	署名時刻を証明するためのタイムスタンプを使用することで，署名が行われた正確な時間を確認できます。これは，署名証明書の有効期限が切れた後でも，署名が有効であった時点を証明するのに役立ちます。また，タイムスタンプは，署名が行われた順序を確立し，潜在的な時間ベースの攻撃を防ぐのにも役立ちます。

第5章　サプライチェーンセキュリティの更なる強化　**219**

複数署名の導入	複数の開発者による承認プロセスを実現する複数署名（マルチシグネチャ）の導入は，単一の署名者が侵害された場合のリスクを軽減します。例えば，重要なソフトウェアリリースには，開発チームリーダー，セキュリティ責任者，品質保証マネージャーなど，複数の権限者の署名を要求することができます。これにより，不正なコードが署名され配布されるリスクを大幅に減少させることができます。
CI/CDパイプラインへの署名プロセスの統合	コード署名プロセスをCI/CDパイプラインに統合することで，署名プロセスの自動化と標準化が可能になります。これにより，人為的ミスを減らし，一貫性のある署名プロセスを確保できます。また，署名プロセスをパイプラインの一部とすることで，署名されていないコードがリリースされるリスクを軽減できます。

完全性検証の強化には，以下の方法が効果的です。

ポイント	内容
署名検証プロセスの厳格化	ソフトウェアの実行前に，必ず署名の検証を行うようにシステムを設定します。この検証プロセスには，署名の存在確認，証明書チェーンの検証，証明書の失効確認，タイムスタンプの検証などが含まれます。また，署名検証に失敗したソフトウェアの実行を完全にブロックする設定を適用することも重要です。
実行時の動的検証の導入	静的な署名検証に加えて，ソフトウェアの実行時に動的な完全性チェックを行うことで，実行中の改ざんを検出できます。これには，メモリ内のコードの定期的なハッシュ計算や，重要な関数の実行前の完全性チェックなどが含まれます。
ホワイトリスト方式の採用	承認されたソフトウェアのみを実行できるようにホワイトリスト方式を採用します。これにより，署名されていない，または未知の発行元からのソフトウェアの実行を防ぐことができます。ホワイトリストは，ファイルハッシュ，証明書の詳細，パス情報などに基づいて作成され，定期的に更新される必要があります。
証明書の透明性（Certificate Transparency）の活用	証明書の透明性ログを監視することで，不正に発行された証明書や，誤って発行された証明書を迅速に検出できます。これにより，偽造された署名証明書を使用した攻撃を防ぐことができます。

セキュアブート機能の活用	可能な場合，セキュアブート機能を使用して，ブートプロセス全体を通じてソフトウェアの完全性を確保します。これにより，オペレーティングシステムレベルでの改ざんを防ぐことができます。
コード署名証明書の管理強化	コード署名証明書のライフサイクル管理を強化します。これには，証明書の安全な保管，定期的な更新，失効した証明書の迅速な処理などが含まれます。また，証明書の使用状況を監視し，不正使用の兆候を検出する仕組みも重要です。
署名と検証プロセスの監査	コード署名と検証のプロセスを定期的に監査し，ポリシーの遵守状況や潜在的な脆弱性を確認します。この監査には，署名鍵の管理状況，署名プロセスの完全性，検証プロセスの有効性などが含まれます。

これらの対策を組み合わせて実装することで，不正なソフトウェアの実行を防ぎ，ソフトウェアの完全性を高いレベルで確保することができます。ただし，コード署名と完全性検証は，包括的なセキュリティ戦略の一部であり，他のセキュリティ対策と組み合わせて実施することが重要です。また，技術の進歩や新たな脅威の出現に応じて，これらの対策を定期的に見直し，更新していく必要があります。

6 脆弱性管理とパッチ適用プロセスの最適化

効果的な脆弱性管理とタイムリーなパッチ適用は，ソフトウェアサプライチェーンセキュリティにおいて極めて重要な要素です。これらのプロセスを最適化することで，既知の脆弱性を迅速に特定し，対処することができ，攻撃者が悪用可能な機会を大幅に減少させることができます。

a）脆弱性情報の収集と評価

脆弱性管理の第一歩は，包括的かつ正確な脆弱性情報の収集です。この過程では，複数の信頼できる情報源からの自動情報収集が不可欠です。具体的には，NVD（National Vulnerability Database），各ベンダーのセキュリティアドバイザリ，セキュリティ研究者のブログ，脅威インテリジェンスフィードなどが重

要な情報源となります。これらの情報源からリアルタイムで情報を収集し，組織のシステムやアプリケーションに関連する脆弱性を迅速に特定することが重要です。

　収集した脆弱性情報の評価においては，AIや機械学習技術を活用することで，より効率的かつ正確な分析が可能になります。これらの技術を用いて，脆弱性の重大度，組織のシステムへの影響，悪用の可能性などを自動的に評価し，優先順位づけを行うことができます。例えば，自然言語処理技術を用いて脆弱性の説明を解析し，組織のシステム構成と照合することで，関連性の高い脆弱性を自動的に抽出することが可能です。

　また，組織固有のリスク評価基準の策定と適用も重要です。業界標準のCVSS（Common Vulnerability Scoring System）スコアだけでなく，組織の事業特性，システムの重要度，データの機密性などを考慮した独自の評価基準を設けることで，より適切な優先順位づけが可能になります。例えば，金融機関であれば，取引システムに関連する脆弱性により高い優先度を付与するなど，組織の特性に応じたカスタマイズが必要です。

b)　パッチ管理プロセスの自動化

　パッチ管理プロセスの自動化は，大規模で複雑なIT環境を持つ組織にとって特に重要です。Ansible，Puppet，Chefなどの構成管理ツールを活用することで，パッチの適用プロセスを大幅に効率化し，人為的ミスを減らすことができます。

　これらのツールを用いて，以下のようなプロセスを自動化することが可能です。
- パッチの自動ダウンロードと検証
- テスト環境への自動デプロイ
- 自動化されたテストスイートの実行
- テスト結果に基づく承認プロセス
- 本番環境への段階的なロールアウト

　特に，テスト環境での自動パッチ適用とテスト実行は重要です。これにより，

パッチが既存のシステムやアプリケーションに与える影響を事前に評価し，潜在的な問題を特定することができます。自動化されたテストスイートには，機能テスト，性能テスト，セキュリティテストなどを含め，パッチ適用後のシステムの安定性と安全性を包括的に検証する必要があります。

段階的なロールアウト戦略の実装も，リスクを最小限に抑えるために重要です。例えば，以下のような段階を踏むことが考えられます。

- 非重要システムへの先行適用
- 一部の本番システムへの適用
- 監視期間を設けての問題の有無の確認
- 問題がなければ全システムへの展開

このアプローチにより，万が一パッチに問題があった場合でも，影響を限定的に抑えることができます。

c) 緊急パッチ対応プロセス

高度な脅威や重大な脆弱性に対しては，通常のパッチ管理プロセスでは対応が遅くなる可能性があります。そのため，緊急パッチ対応プロセスを別途確立しておくことが重要です。

このプロセスには以下の要素が含まれるべきです。

ポイント	内容
迅速な承認プロセス	通常の承認プロセスをバイパスし，迅速な意思決定を可能にする仕組み。
緊急時の役割と責任の明確化	誰が何をするべきかを事前に定義し，文書化しておく。
事前に準備された緊急パッチ適用手順	標準的な手順を事前に用意し，緊急時にすぐに実行できるようにしておく。
コミュニケーション計画	関係者への迅速な情報共有と指示伝達の方法を確立する。
リスク評価の簡素化	緊急時に迅速なリスク評価を行うための簡略化されたフレームワーク。

第5章　サプライチェーンセキュリティの更なる強化　**223**

　これらの要素を事前に準備し，定期的に訓練を行うことで，実際の緊急事態が発生した際に迅速かつ効果的に対応することができます。

d）　パッチ適用が困難な場合の代替策

　レガシーシステムや重要な業務システムなど，即時のパッチ適用が困難な場合があります。このような状況に備えて，以下のような代替策を検討する必要があります。

ポイント	内容
仮想パッチング技術の活用	WAF（Web Application Firewall）やIPS（Intrusion Prevention System）などを用いて，脆弱性を悪用する攻撃を検知・ブロックする。
システムの隔離	脆弱性のあるシステムをネットワーク的に隔離し，攻撃の影響範囲を限定する。
追加の監視措置	脆弱性のあるシステムに対して，より詳細な監視を実施し，不正アクセスや異常動作を迅速に検知する。
アクセス制御の強化	脆弱性のあるシステムへのアクセスを必要最小限に制限する。
リスク受容と軽減策の文書化	パッチ適用が不可能な場合，そのリスクを正式に受容し，可能な限りの軽減策を文書化する。

　これらの代替策を適切に組み合わせることで，パッチ適用が困難な状況下でもリスクを最小限に抑えることができます。

e）　パッチ適用状況の監視と報告

　効果的なパッチ管理には，適用状況の継続的な監視と適切な報告が不可欠です。以下のような取り組みが重要です。

ポイント	内容
リアルタイムのパッチ適用状況ダッシュボード	組織全体のパッチ適用状況をリアルタイムで可視化するダッシュボードを構築する。このダッシュボードには，システムごとのパッチ適用率，未適用の重要パッチの数，パッチ適用の遅延状況などを表示する。

未適用パッチの自動追跡と警告システム	パッチが公開されてから一定期間が経過しても適用されていない場合，自動的に警告を発する仕組みを構築する。特に重要度の高いパッチについては，より短い期間で警告を発するよう設定する。
経営層向けの定期的なパッチ状況報告	組織全体のパッチ管理状況を経営層に定期的に報告するプロセスを確立する。この報告には，パッチ適用の進捗状況，主要なリスク，リソース要件などを含める。
コンプライアンス状況の追跡	業界規制やセキュリティ基準で要求されるパッチ管理要件に対する遵守状況を追跡し，報告する。
トレンド分析と継続的改善	パッチ適用のトレンドを分析し，プロセスの効率性や有効性を継続的に評価する。この分析結果を基に，パッチ管理プロセスの改善点を特定し，実装する。

　これらの監視と報告の仕組みを通じて，組織全体でパッチ管理の重要性に対する認識を高め，セキュリティリスクの低減に向けた継続的な取り組みを促進することができます。

　結論として，脆弱性管理とパッチ適用プロセスの最適化は，ソフトウェアサプライチェーンセキュリティにおいて極めて重要な要素です。自動化技術の活用，緊急時対応の準備，代替策の検討，そして継続的な監視と報告を通じて，組織は既知の脆弱性に対するリスクを大幅に低減し，より強固なセキュリティ態勢を構築することができます。ただし，これらのプロセスは静的なものではなく，常に進化する脅威環境に適応し続ける必要があります。定期的な見直しと改善を行い，最新のベストプラクティスや技術を取り入れていくことが，長期的な成功の鍵となります。

7　ゼロトラストアーキテクチャの採用

　ゼロトラストは，「何も信頼せず，常に検証する」という考え方に基づくセキュリティモデルです。このアプローチは，従来の境界型セキュリティモデルの限界を克服し，より動的で適応性の高いセキュリティ態勢を実現します。ソ

フトウェアサプライチェーンセキュリティにおいても，このゼロトラストの考え方を適用することで，より強固なセキュリティを構築することができます。

ゼロトラストの主要な原則は，ネットワークの場所に関わらず全てのリソースへのアクセスを安全に行うこと，アクセス制御を最小権限の原則に基づいて厳格に行うこと，全てのトラフィックを検査しログを記録すること，そしてリソースへのアクセスをユーザー，デバイス，アプリケーションの状態に基づいて動的に決定することです。これらの原則を実践することで，サプライチェーン攻撃のリスクを大幅に軽減することができます。

ゼロトラストアーキテクチャを採用するためには，まず組織のセキュリティ戦略におけるゼロトラストの位置づけを明確にする必要があります。これは，単なる技術的な変更ではなく，組織全体のセキュリティアプローチの根本的な転換を意味します。経営層の理解と支援を得ながら，段階的な導入計画を策定し，ゼロトラスト成熟度モデルを採用して現状評価と目標設定を行うことが重要です。

アイデンティティとアクセス管理の強化は，ゼロトラスト実現の要となります。強力な多要素認証（MFA, Multi-Factor Authentication）を全面的に導入し，単なるパスワードだけでなく，生体認証やハードウェアトークンなど，複数の要素を組み合わせた認証を実施します。さらに，コンテキストベースのアクセス制御を実装することで，ユーザーの役割，アクセス元の場所，デバイスの状態，時間帯などの要素を考慮した，より精緻なアクセス制御が可能になります。特権アクセス管理（PAM, Privileged Access Management）の高度化も重要で，管理者権限の厳格な管理と監視を行います。

マイクロセグメンテーションの実装は，ゼロトラストの重要な要素の1つです。従来のネットワークセグメンテーションをさらに細分化し，アプリケーションレベルでのセグメンテーションを実現します。これにより，攻撃者がネットワーク内で横方向に移動することを困難にし，被害の拡大を防ぐことができます。ソフトウェア定義ネットワーク（SDN, Software Defined Networking）技術を活用することで，より柔軟で動的なセグメンテーションが可能に

なります。また，ネットワークの状況やセキュリティポリシーの変更に応じて，動的にセグメンテーションルールを適用することで，常に最適な防御態勢を維持できます。

　継続的な監視と分析も，ゼロトラストアーキテクチャの重要な構成要素です。リアルタイムの行動分析と異常検知を行い，通常とは異なるパターンのアクセスや活動を即座に特定します。AIや機械学習技術を活用した高度な脅威検知システムを導入することで，従来の規則ベースの検知では捉えきれない複雑な攻撃パターンも検出できるようになります。これらの監視・分析システムをセキュリティ情報イベント管理（SIEM, Security Information and Event Management）と統合することで，組織全体のセキュリティ状況を包括的に把握し，迅速な対応を可能にします。

　データ保護の強化も，ゼロトラストの重要な側面です。エンドツーエンドの暗号化を実装し，データが移動中や保存中であっても常に保護された状態を維持します。また，データ分類に基づいたアクセス制御を行うことで，機密性の高いデータへのアクセスをより厳格に管理します。データ損失防止（DLP, Data Loss Prevention）技術を導入し，重要なデータの不正な流出や漏洩を防止します。

　デバイスの健全性確認も，ゼロトラストアーキテクチャにおいて重要な役割を果たします。エンドポイント検出・対応（EDR, Endpoint Detection and Response）ソリューションを導入し，各デバイスの状態を継続的に監視します。デバイスの健全性に基づいたアクセス制御を実施することで，マルウェアに感染したデバイスや，適切なセキュリティパッチが適用されていないデバイスからのアクセスを制限します。BYOD（個人所有デバイスの業務利用）ポリシーの見直しと強化も必要で，個人デバイスを使用する場合でも組織のセキュリティ基準を満たすことを要求します。

　クラウド環境におけるゼロトラストの実現も重要な課題です。クラウドアクセスセキュリティブローカー（CASB, Cloud Access Security Broker）を導入し，クラウドサービスの利用を可視化し，制御します。クラウドネイティブなセキュリティコントロールを活用し，クラウド環境特有のリスクに対応します。

第5章　サプライチェーンセキュリティの更なる強化　**227**

多くの組織が複数のクラウドサービスを利用する現状を踏まえ，マルチクラウド環境での一貫したセキュリティポリシーの適用を実現することが重要です。

　ゼロトラストアーキテクチャの採用は，組織全体のセキュリティ態勢を根本から変革する取り組みです。その実現には，技術的な対策だけでなく，組織文化の変革や従業員の意識改革も必要となります。しかし，この取り組みを通じて，ソフトウェアサプライチェーン攻撃を含む現代の高度なサイバー脅威に対する，より強固で適応性の高い防御態勢を構築することができます。ゼロトラストの原則に基づいたセキュリティ対策を継続的に強化し，進化させていくことで，組織は常に変化する脅威環境に柔軟に対応し，ビジネスの継続性と競争力を維持することができるのです。

8　ソフトウェアサプライヤーの評価と監査

　ソフトウェアサプライヤーの評価と監査は，ソフトウェアサプライチェーンセキュリティにおいて極めて重要な要素です。サプライヤーのセキュリティ態勢を適切に評価し，継続的に監視することで，潜在的なリスクを早期に特定し，対処することができます。この過程は単なる形式的なチェックではなく，サプライヤーとの協力関係を深め，共にセキュリティレベルを向上させていく取り組みとして捉えるべきです。

　評価・監査のポイントとしては，以下の項目が重要です。

ポイント	内容
セキュリティポリシーと実践の確認	サプライヤーの情報セキュリティポリシーを詳細に確認し，それが実際にどのように実践されているかを評価する。ポリシーの包括性，最新性，従業員への周知状況などを確認する。また，セキュリティ意識向上プログラムの有無や効果についても評価する。
開発プロセスのセキュリティレビュー	サプライヤーの開発プロセス全体を通じて，セキュリティがどのように組み込まれているかを確認する。セキュアな開発手法（例：SecureSDLC）の採用状況，コードレビューの実施方法，自動化されたセキュリティテストの導入状況などを評価する。また，オープンソースコンポーネントの管理方法についても確認する。

脆弱性管理プロセスの評価	サプライヤーが脆弱性をどのように特定し，評価し，対処しているかを確認する。脆弱性スキャンの頻度，パッチ管理のプロセス，脆弱性情報の収集方法，顧客への通知プロセスなどを評価する。また，過去に発見された重大な脆弱性への対応事例を確認することも有効。
インシデント対応能力の確認	サプライヤーのインシデント対応計画と能力を評価します。インシデント対応チームの体制，対応プロセスの文書化状況，定期的な訓練の実施状況などを確認する。過去のインシデント対応事例を分析し，学習と改善のプロセスが確立されているかも評価する。
コンプライアンス状況の確認	サプライヤーが関連する法規制や業界標準を遵守しているかを確認する。必要な認証（例：ISO27001，SOC２）の取得状況，監査結果，改善計画などを評価する。また，データプライバシーに関する法令（例：GDPR）への対応状況も確認する。
サブコントラクターの管理	サプライヤーが自社のサプライヤー（サブコントラクター）をどのように管理しているかも重要。サブコントラクターの選定基準，セキュリティ要件の伝達方法，監査プロセスなどを確認する。
物理的セキュリティ	サプライヤーの施設やデータセンターの物理的セキュリティ対策を評価する。アクセス制御，監視カメラ，災害対策などの状況を確認する。

　これらの評価・監査を実施するためには，以下のような方法を組み合わせることが効果的です。

ポイント	内容
定期的な質問票の送付	詳細なセキュリティ質問票を作成し，定期的（例：年１回）にサプライヤーに送付する。質問票は，上記の評価ポイントを網羅し，具体的な証拠の提出を求める内容にする。
オンサイト監査の実施	重要なサプライヤーに対しては，定期的なオンサイト監査を実施する。これにより，実際の運用状況を直接確認し，文書だけでは把握できない課題を特定することができる。
第三者機関による評価の要求	独立した第三者機関による評価結果（例：ペネトレーションテスト報告書，セキュリティ監査報告書）の提出を要求する。これにより，より客観的な評価が可能になる。

第5章　サプライチェーンセキュリティの更なる強化　**229**

継続的なモニタリング	サプライヤーのセキュリティ状況を継続的にモニタリングするツールや仕組みを導入する。例えば，外部からの脆弱性スキャン，ダークウェブモニタリング，セキュリティ評価スコアの追跡などが考えられる。
共同演習の実施	重要なサプライヤーとの間で，インシデント対応演習やテーブルトップ演習を共同で実施する。これにより，実際の緊急時の連携能力を向上させることができる。

　評価・監査の結果は，単にサプライヤーの選定や契約継続の判断材料とするだけでなく，継続的な改善のためのフィードバックとして活用すべきです。サプライヤーと協力して改善計画を策定し，進捗を定期的に確認することで，サプライチェーン全体のセキュリティレベルを段階的に向上させることができます。

　また，評価・監査のプロセス自体も定期的に見直し，改善することが重要です。新たな脅威や技術の変化に応じて，評価項目や方法を適宜更新していく必要があります。

　最後に，サプライヤー評価・監査の結果を組織内で適切に共有し，調達プロセスやリスク管理プロセスに確実に反映させることが重要です。経営層への定期的な報告を行い，サプライチェーンセキュリティの重要性と現状について理解を深めてもらうことも，長期的なセキュリティ強化につながります。

　このように，ソフトウェアサプライヤーの評価と監査は，単発の活動ではなく，継続的かつ包括的なプロセスとして実施することが重要です。これにより，サプライチェーン全体のセキュリティレベルを向上させ，組織の全体的なセキュリティ態勢を強化することができます。

Column

本番端末室作業の新たな形：
リモートワーク化で切り拓く次世代運用モデル

　金融セクターにおける基幹インフラは，内部不正や外部からのサイバー攻撃等の影響を避けるために，一般的に物理的に隔離した専用ルームを設置し，入退室管理を行う物理的な制御と，認証・認可プロセスを含むシステムへのアクセス制限による技術的な制御が行われています。

　具体的には，各企業にて「本番端末室」や「専用作業室」，「セキュリティルーム」と呼ばれる専用環境が設置されています。一方で，このような専用環境は，業務運用継続性（オペレーショナルレジリエンス）の観点で課題を抱えています。また，技術進歩に伴い犯罪手口が高度化していることや，内部不正事案の増加が社会問題として顕在化していることから，専用環境を用意したとしても，セキュリティリスクを完全に排除することが困難になってきています。

a）　オペレーショナルレジリエンスの確保の難しさ

● システム障害，サイバー攻撃，自然災害等による業務中断が発生した際，専用環境への駆け付けができない，または時間がかかってしまう

● 夜間や休日の緊急対応による勤務スケジュールの柔軟性欠如，専用環境外での作業が強いられる業務の柔軟性欠如により，ワークライフバランスが悪化してしまう

● 物理的に確保された環境での作業時間が多くなることで，他メンバーとのコミュニケーションが減少し，会社やチームへの帰属意識の希薄化，孤立感の高まりにより，精神的疲労やモチベーションが低下してしまう

● 労働人口の減少に伴うIT業界の人材不足により，基幹インフラの維持管理に従事する担当者の確保が難しい

b）　セキュリティリスク

● 入退室における認証の運用形骸化により，悪意ある内部犯は共連れを実

施可能である

- 悪意者による小型カメラの持ち込みによる撮影や，高性能カメラによる専用環境外からの望遠撮影などにより，情報が持ち出される可能性がある

　セキュリティ面を担保しつつ，業務継続性に関する上記課題を解決する手法として，新型コロナウイルス感染症の感染拡大により急速に普及したリモートワークの導入が考えられます。リモートワークには，さまざまな実現方式・形態が含まれますが，まさに，ゼロトラストの思想に基づくアーキテクチャ策定が有効です。アクセス制御を例にとると，厳格な資産管理に基づき特定ユーザーに貸与した端末からのアクセスを識別し，耐タンパ性を有するハードウェアや生体情報を用いた強力な多要素認証を要求する，といったアプローチが考えられます。金融庁においても，特定妨害行為を防止するための措置が実現できていると考えられる場合においてはリモートアクセスによる作業を認めています[1]（金融機関等の規模・特性に応じたリスクベースアプローチでの検討を行うことが前提[2]）。本稿では，基幹インフラにおけるリモートアクセス作業のセキュリティリスクとその対策の一例について紹介します。

　[1]　金融庁「経済施策を一体的に講ずることによる安全保障の確保の推進に関する法律に基づく特定社会基盤事業者の指定等に関する内閣府令の一部を改正する内閣府令（案）」等に対するパブリックコメントの結果等について（別紙1：コメントの概要及びコメントに対する考え方 - No.25）（https://www.fsa.go.jp/news/r5/sonota/20231116/01.pdf）
　[2]　金融庁「金融分野におけるサイバーセキュリティに関するガイドライン」（https://www.fsa.go.jp/news/r6/sonota/20241004/18.pdf）

　リモートアクセス化により発生するリスクとして，まず，作業場所の安全性が挙げられます。物理的対策が施された専用環境は，作業場所が明確かつ第三者の入室が制限されていますが，リモートアクセスの場合，第三者によって情報を盗み見られる可能性や作業用端末を奪取される可能性が

あります。当該リスクの技術的対策として，スマートグラスやヘッドマウントディスプレイの活用が考えられます。PCの画面や外部ディスプレイに投影された情報はショルダーハッキングにより情報を盗み見られる可能性がありますが，作業者が頭部に装着するデバイスの場合，第三者が画面を見ることは物理的に困難になります。さらに，製品によっては，脱着を検知する機能を有しており，端末を奪われた際に画面ロックが有効化されることで第三者の操作を防ぐことが可能です。画面ロック解除には虹彩認証を用いることも可能であり，ID／パスワードによる認証よりも強固な生体認証が実現できます。また，運用面での考慮は必要になるものの，GPSやWi-Fiを用いた位置情報により作業場所を把握することも作業場所の安全性を確保する技術的対策の1つとして有効です。

　次に考慮すべきリスクとして，情報漏えいに関するリスクが挙げられます。重要情報を取り扱う場合，情報が記録された電子媒体は定めた区域内での管理が必要になります。リモートアクセス元の作業端末にデータを保存する行為は，端末の紛失・盗難による情報漏えいのリスクを高めます。そのため，リモートアクセス元の作業端末にはデータを保存せず，データの取り扱いを接続先の環境に制限することが望ましいと考えられます。また，作業端末のデータ保存を制限した場合においても，作業画面を撮影・録画するリスクが残存します。データ保存や画面録画のリスクへの技術的対策として，端末制御ソリューションが考えられます。対象端末における利用可能なアプリケーションをリモートデスクトップに制限する，HDMIやUSBの外部接続を制限する，といった統制による情報漏えい対策が必要となります。

　最後に考慮すべきリスクとして，作業者の操作ミスやシステム悪用のリスクが挙げられます。金融機関では，重要業務にかかる作業において，作業者の単独作業を認めず，再鑑者による多重チェックの牽制体制を敷くことが多くあります。物理的対策を講じた専用環境での現地作業であれば，作業者と再鑑者が同席することでダブルチェックを容易に実施できますが，

リモートアクセスの場合，再鑑者による監督の元で作業者が作業する仕組みを整備する必要があります。具体的なアプローチとしては，アクセス制御ソリューションやリモート接続ソリューション等に含まれる，作業者の単独作業を制限する機能，画面共有による作業監視機能の導入が考えられます。

【本番端末室における作業のリモートワーク化】

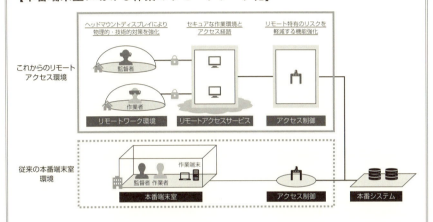

　専用環境の作業をリモートワーク化する場合，物理的対策により低減しているリスクについては，一般的なリモートワークのアーキテクチャではカバーできない領域が含まれるため，リスクの洗い出しと対策の検討が重要です。他方で，リスクベースアプローチによる適切な対策が施されたリモートアクセスソリューションは，駆け付け対応にかかる時間的コストや閉鎖空間によるモチベーション低下といった運用課題の改善に寄与すると共に，共連れや盗撮による情報漏えい等の対策が困難とされていたリスクへの対処も可能になり，オペレーショナルレジリエンスの強化と，更なるセキュリティ強化に貢献すると考えられます。従前より確立してきた管理区域における専用環境での運用も，DXの波が押し寄せており，再考の時を迎えているのではないでしょうか。

6 | 組織的アプローチと人材育成

　ここまでは，サプライチェーンセキュリティ，特にソフトウェアサプライチェーンセキュリティのリスクとその対策，実践方法例について，技術的な観点からのアプローチで述べてきました。本節では，組織的対策，人的対策からのアプローチについて詳しく解説します。

　サプライチェーンセキュリティの強化は，技術的対策だけでは不十分です。組織全体での取り組みと，それを支える人材の育成が不可欠です。ここでは，組織的アプローチと人材育成の重要性について詳細に説明します。

1　サプライチェーンセキュリティガバナンスの確立

　サプライチェーンセキュリティガバナンスは，組織全体でサプライチェーンリスクを管理し，セキュリティを確保するための包括的な枠組みです。この枠組みを確立するためには，以下の要素を組織に実装していく必要があります。

a）　経営層の関与

　サプライチェーンセキュリティの重要性に関する経営層の理解を促進し，経営戦略にサプライチェーンセキュリティを明確に組み込むことが重要です。これには，定期的な経営層向けのブリーフィングや，セキュリティリスクと事業リスクの関連性を示す報告書の作成などが含まれます。また，サプライチェーンセキュリティに関する意思決定プロセスを確立し，経営層が積極的に関与する仕組みを構築することが求められます。

b）　組織構造の整備

　サプライチェーンセキュリティ専門チームを設置し，このチームに明確な権限と責任を付与します。このチームは，調達，法務，IT，リスク管理など，関連する他の部門と密接に連携する必要があります。部門間の連携を促進する

第5章　サプライチェーンセキュリティの更なる強化　**235**

ために，定期的な横断会議の開催や，共通のリスク評価基準の策定などが効果的です。また，各部門や個人の責任と権限を明確化し，文書化することで，効果的な管理体制を整えます。

c）　ポリシーと手順の策定

サプライチェーンセキュリティポリシーを策定し，組織全体に周知徹底します。このポリシーには，リスク評価の方法，サプライヤー管理の基準，インシデント対応の手順など，具体的な指針を含める必要があります。また，これらのポリシーと手順は，定期的に見直しと更新を行い，常に最新の脅威や規制要件に対応できるようにします。見直しの際には，実際の運用状況や過去のインシデントからの教訓を反映させることが重要です。

d）　リスク管理フレームワークの導入

サプライチェーンリスクの特定，評価，対応のプロセスを確立し，組織のリスク許容度を明確に設定します。このフレームワークは，定量的及び定性的なリスク評価手法を含め，様々な角度からリスクを分析できるようにします。また，リスク情報を集約し可視化するためのツールやダッシュボードを導入し，経営層や関係部門が常に最新のリスク状況を把握できるようにします。

e）　コンプライアンス管理

関連する法規制や業界標準の遵守状況を継続的に監視し，必要に応じて是正措置を講じます。内部監査プログラムを実施し，定期的にサプライチェーンセキュリティの取り組みを評価します。また，第三者監査への対応体制を整備し，外部からの評価にも適切に対応できるようにします。これには，監査対応のための専門チームの編成や，証跡の適切な管理なども含まれます。

f）　パフォーマンス測定と継続的改善の仕組みの構築

サプライチェーンセキュリティのKPIを設定し，定期的にパフォーマンスを

評価・報告します。これらのKPIには，脆弱性の検出率と修正率，インシデント対応時間，サプライヤーのセキュリティ評価スコアなどが含まれます。評価結果に基づいて改善計画を策定し実施することで，継続的な向上を図ります。また，業界のベストプラクティスや新たな脅威情報を常に収集し，自社の取り組みに反映させていくことも重要です。

2　サプライチェーンリスク管理の専門人材の育成

　サプライチェーンセキュリティの複雑性と重要性が増す中，専門知識を持つ人材の育成が急務となっています。この課題に対応するためには，以下のような包括的なアプローチが必要です。

a)　専門的なトレーニングプログラムの開発

　サプライチェーンリスク管理の基礎から応用までをカバーする包括的なカリキュラムを作成します。このカリキュラムには，リスク評価手法，サプライヤー管理，法規制対応，インシデント対応など，幅広いトピックを含めます。また，実践的なケーススタディやシミュレーション演習を導入し，実際の業務に即した形で学習できるようにします。さらに，最新の脅威動向や技術トレンドに関する継続的な学習機会を提供することで，常に最新の知識を維持できるようにします。これには，外部の専門家を招いたセミナーの開催や，オンラインラーニングプラットフォームの活用などが含まれます。

b)　資格取得の奨励

　CISSP（Certified Information Systems Security Professional），CISM（Certified Information Security Manager），C-SCRM（Certified in Supply Chain Risk Management）などの関連資格の取得を支援します。これには，資格取得のための学習時間の確保，受験料の補助，資格保有者への手当支給などの施策が含まれます。これらの資格取得を通じて，専門性の向上と客観的な評価を促進します。

c） クロスファンクショナルな経験の促進

調達，IT，法務，リスク管理など関連部門での業務経験機会を提供し，ジョブローテーションプログラムを実施します。これにより，サプライチェーンセキュリティに関わる様々な側面を理解し，幅広い視点を持つ人材を育成します。また，異なる部門間でのコミュニケーションスキルや協働能力も養うことができます。

d） メンタリングプログラムの導入

経験豊富な専門家による若手人材の指導を通じて，知識と経験の効果的な伝承を図ります。このプログラムでは，定期的な1on1ミーティングの実施，具体的な目標設定とフィードバック，実際のプロジェクトでの協働などを通じて，実践的なスキルと知識の移転を促進します。

e） 外部専門家との協力

業界専門家を招いたワークショップやセミナーの開催，外部コンサルタントとの協働プロジェクトを通じて，実践的なスキルの習得を促進します。これにより，最新の業界動向や先進的な取り組みについて学ぶことができます。また，外部の視点を取り入れることで，自社の取り組みを客観的に評価し，改善点を特定することも可能になります。

f） 研究開発への参加

学術機関や研究所との共同研究プロジェクトへの参加を通じて，最新の研究成果や技術動向へのアクセスを確保します。これには，社内での研究発表会の開催，学会への参加支援，論文執筆の奨励なども含まれます。このような活動を通じて，組織内の知識基盤を強化し，イノベーションを促進することができます。

3 組織全体でのサプライチェーンセキュリティ意識の向上

　サプライチェーンセキュリティは，特定の部門だけの問題ではありません。組織全体での意識向上が重要です。以下のアプローチで組織全体での意識向上を進めていく必要があります。

a） 全社的な啓発キャンペーンの実施

　サプライチェーンセキュリティの重要性に関する定期的な情報発信を行います。これには，ポスターやデジタルサイネージの活用，社内ニュースレターの発行，社内ポータルサイトでの特集記事の掲載などが含まれます。また，経営層からのメッセージ発信も効果的です。CEOやCISOによる動画メッセージや全社集会での講話など，トップダウンでの意識啓発を行います。さらに，サプライチェーンセキュリティに関する成功事例や，インシデント事例の共有を通じて，その重要性を具体的に示すことも有効です。

b） 役割別トレーニングプログラムの提供

　経営層向けには戦略的意思決定とリスク管理に焦点を当て，サプライチェーンセキュリティが事業戦略にどのように影響するかを理解してもらいます。調達部門向けにはサプライヤー評価とリスク分析の手法を詳しく解説し，セキュリティを考慮したサプライヤー選定の重要性を強調します。IT部門向けには技術的対策と脆弱性管理に関する最新の知識を提供し，サプライチェーンを通じた攻撃の手法とその対策について学ばせます。一般従業員向けには，基本的な注意事項と報告プロセスを中心に，日常業務の中でサプライチェーンセキュリティにどのように貢献できるかを具体的に示します。これらのトレーニングは，対面式のワークショップやeラーニング，実践的な演習など，様々な形式を組み合わせて提供します。

c） インシデント事例の共有

　実際のインシデント事例や近隣事例の分析と共有を通じて，「他山の石」と

第 5 章　サプライチェーンセキュリティの更なる強化　**239**

しての学習機会を提供します。これには，匿名化された事例研究の作成，外部
の専門家を招いての事例分析セッション，仮想的なインシデントシナリオを用
いたディスカッションなどが含まれます。これらの活動を通じて，サプライ
チェーンセキュリティの脅威の現実性と，適切な対応の重要性を理解してもら
います。

d）　模擬演習の実施

　サプライチェーン攻撃のシミュレーション演習や部門横断的な対応訓練を通
じて，実践的なスキルの向上を図ります。これには，テーブルトップ演習，フ
ルスケールの模擬インシデント対応，サードパーティも含めた大規模な演習な
ど，様々なレベルの訓練が含まれます。これらの演習を通じて，組織の対応能
力を評価し，改善点を特定することができます。

e）　表彰制度の導入

　サプライチェーンセキュリティに貢献した個人やチームを表彰し，好事例を
全社的に共有することで，積極的な取り組みを促進します。これには，四半期
ごとのセキュリティ貢献賞の授与，年間のベストプラクティス表彰，イノベー
ティブな取り組みに対する特別賞の設置などが含まれます。表彰された取り組
みは，社内報や全社集会で紹介し，他の従業員の模範となるようにします。

f）　定期的な理解度チェック

　オンラインクイズや簡易テストを実施し，結果に基づいて追加トレーニング
を提供することで，継続的な学習を支援します。これらのチェックは，単なる
知識の確認だけでなく，実際のシナリオに基づいた判断力を問う問題も含める
ことで，より実践的な理解度を測ることができます。また，部門ごとや役職ご
との理解度を分析し，弱点のある領域に対して重点的な教育を行うことも効果
的です。

g）セキュリティ文化の醸成

組織全体でサプライチェーンセキュリティの意識を向上させるためには，単なる知識の伝達だけでなく，セキュリティを組織文化の一部として根付かせることが重要です。「セキュア・バイ・デザイン」や「セキュア・バイ・デフォルト」の考え方を組織全体に浸透させ，セキュリティとそのリスク管理を自然に考えるような文化を醸成する必要があります。

「セキュア・バイ・デザイン」の原則を組織に浸透させるために，開発プロセスの初期段階からセキュリティ要件を組み込むことの重要性を強調します。これには，セキュリティ専門家を企画段階から参加させ，潜在的なリスクを早期に特定し対処する習慣を形成することが含まれます。また，セキュリティ設計レビューを開発プロセスの必須ステップとして位置づけ，全ての関係者がセキュリティを考慮しながら業務を進める文化を醸成します。

「セキュア・バイ・デフォルト」の考え方を推進するために，システムやアプリケーションの初期設定を最も安全な状態に設定することの重要性を教育します。これには，不要な機能やサービスを無効化すること，強力なパスワードポリシーを標準とすること，最小権限の原則を徹底することなどが含まれます。この考え方を組織全体に浸透させることで，セキュリティを後付けではなく，当たり前のものとして扱う文化を形成します。

リスク管理を日常的な思考プロセスの一部とするために，「What if」分析やリスクアセスメントワークショップを定期的に開催します。これらのセッションでは，潜在的な脅威シナリオを想定し，その影響と対策を議論することで，リスク思考を習慣化します。また，日常業務の中でリスクを特定し報告することを奨励し，そのような行動を評価する仕組みを構築します。

セキュリティ意識を継続的に高めるために，「セキュリティチャンピオン」プログラムを導入します。各部門からセキュリティに関心のある従業員を選出し，特別なトレーニングを提供します。これらのチャンピオンは，部門内でのセキュリティ啓発活動のリーダーとなり，日々の業務の中でセキュリティの視点を広めていく役割を担います。

第5章　サプライチェーンセキュリティの更なる強化　**241**

　また，セキュリティを「制約」ではなく「イネーブラー」として捉える文化を醸成します。セキュリティ対策が事業の成功や顧客信頼の獲得にどのように貢献するかを具体的に示し，セキュリティへの投資が組織の競争力向上につながることを強調します。

　これらの取り組みを通じて，サプライチェーンセキュリティを含むセキュリティ全般が組織文化の不可欠な一部となり，全ての従業員が日常的にセキュリティとリスク管理を意識しながら業務を遂行する環境を作り出すことができます。

4　サプライヤーとの協力関係構築と能力向上支援

　サプライチェーンセキュリティの強化には，サプライヤーとの緊密な協力が不可欠です。単にセキュリティ要件を課すだけでなく，サプライヤーの能力向上を支援し，長期的な協力関係を構築することが重要です。以下に，サプライヤーとの協力関係構築と能力向上支援のための具体的なアプローチを詳述します。

a）　サプライヤーとの対話の促進

　定期的なセキュリティミーティングを開催し，セキュリティ要件の共有，最新の脅威情報の交換，ベストプラクティスの議論を行います。これらのミーティングは，単なる一方的な要求の場ではなく，相互理解と協力を深める機会として活用します。また，オープンなコミュニケーションチャネルを確立し，セキュリティに関する懸念や質問をタイムリーに共有できる環境を整備します。さらに，相互の期待事項を明確化し，文書化することで，協力関係の基盤を強化します。

b）　共同トレーニングプログラムの実施

　セキュリティベストプラクティスの共有を目的としたワークショップやセミナーを定期的に開催します。これらのプログラムでは，最新の脅威動向や規制

要件に関する情報提供，実践的なセキュリティ技術のデモンストレーション，ケーススタディの分析などを行います。また，サプライヤーの従業員を対象としたセキュアコーディングトレーニングや，インシデント対応演習なども実施し，実践的なスキル向上を支援します。

c） セキュリティ評価と改善支援

サプライヤーのセキュリティ態勢を定期的に評価し，改善点を特定します。この評価は，単なる監査ではなく，協力的なプロセスとして位置づけます。評価結果に基づいて，改善計画を共同で策定し，必要に応じて技術的・財政的支援を提供します。例えば，セキュリティツールの共同購入プログラムの実施や，セキュリティコンサルティングサービスの提供などが考えられます。

d） インセンティブプログラムの導入

セキュリティ改善努力に対する報奨制度を設け，サプライヤーの積極的な取り組みを促進します。例えば，セキュリティ評価スコアの向上に応じた契約条件の優遇や，優れたセキュリティプラクティスを実践しているサプライヤーの表彰などが考えられます。また，長期的な取引関係の保証を通じて，サプライヤーが安心してセキュリティ投資を行える環境を整備します。

e） 情報共有プラットフォームの構築

リアルタイムの脅威情報共有，ベストプラクティスや成功事例の共有，共通の課題に対する協力的な解決策の探索のためのプラットフォームを構築します。このプラットフォームは，セキュアな環境で運用し，参加者間の信頼関係を基盤とした情報交換を促進します。また，定期的なオンラインフォーラムや討論会を開催し，活発な意見交換と知識共有を促進します。

f） 共同インシデント対応演習

サプライチェーン攻撃を想定した合同演習を定期的に実施します。これらの

第5章　サプライチェーンセキュリティの更なる強化　**243**

演習では，実際のインシデントシナリオに基づいて，検知，分析，封じ込め，根絶，復旧の各段階をシミュレーションします。演習を通じて，役割と責任を明確化し，コミュニケーションプロトコルを確立します。また，演習後の振り返りセッションを通じて，改善点を特定し，対応計画の継続的な改善を図ります。

g）　技術支援の提供

　セキュリティツールやソリューションの共同利用プログラムを設立し，特に中小サプライヤーのセキュリティ能力向上を支援します。また，技術的なガイダンスや助言を提供するヘルプデスクを設置し，サプライヤーが直面する日々のセキュリティ課題に対応します。必要に応じて，セキュリティ専門家を派遣し，オンサイトでの技術支援を行うことも考慮します。

　これらの取り組みを通じて，サプライヤーとの協力関係を深め，サプライチェーン全体のセキュリティレベルを向上させることができます。ただし，これらの施策の実施には時間と資源が必要であり，長期的な視点に立った継続的な取り組みが求められます。また，サプライヤーの多様性（規模，技術レベル，地理的位置など）を考慮し，柔軟なアプローチを採用することが重要です。

5　組織的アプローチと人材育成の重要性

　サプライチェーンセキュリティの強化には，技術的対策だけでなく，組織的なアプローチと人材育成が不可欠です。サプライチェーンセキュリティガバナンスの確立により，組織全体で一貫したアプローチを取ることができます。専門人材の育成は，複雑化するリスクに効果的に対応するための鍵となります。また，組織全体でのセキュリティ意識の向上は，日々の業務の中でリスクを早期に発見し，適切に対応するための基盤となります。さらに，サプライヤーとの協力関係構築と能力向上支援は，サプライチェーン全体のセキュリティレベルを底上げし，より強靭なエコシステムを構築することにつながります。

　これらの取り組みは，一朝一夕には実現できません。長期的な視点を持ち，

継続的に改善を重ねていくことが重要です。経営層のコミットメントと，組織全体の協力のもと，サプライチェーンセキュリティを組織文化の一部として根付かせていくことが，今後極めて重要となるでしょう。

第6章

海外関連法令・
関連国内ガイドラインの動向

1 米国国家サイバー戦略（National Cyber Strategy of the United States of America）

1　国家サイバー戦略の概要と戦略的目標

　2023年3月2日バイデン政権は新たな「国家サイバーセキュリティ戦略」を発表しました。この戦略は，国家安全保障と経済的繁栄を守るため，信頼性と回復力を兼ね備えたデジタルエコシステムを構築することを主眼としています。また，サイバー脅威に対する防御力を強化し，サイバー空間での秩序を維持することで，国家全体での協力を促進し，法執行，外交，経済制裁など多岐にわたる手段を用いてサイバー攻撃を抑止することを基本的な目標としています。

　当戦略では，サイバー空間における役割，責任，リソースの配分に関して2つの根本的な転換を掲げています。個人，中小企業，地方政府，インフラ事業者からサイバーセキュリティの負担を軽減し，より適切な対応能力のある組織に責任を移行すること。また，現在の脅威への対応と将来の強靭性への戦略的投資のバランスを取る長期的投資を促すためのインセンティブを再調整することです。

　これらの根本的な転換も含め信頼性と回復力を兼ね備えたデジタルエコシステムを実現するため，戦略は以下の5つの柱に基づいて構成され，それぞれが互いに補完し合う形で設定されています。また，これらの柱は，米国がサイバーセキュリティ上の脅威に対抗し，安全で信頼できるデジタル未来を実現するための道筋を示しています。

　第一に，重要インフラの防御力強化が挙げられています。米国の重要インフラが提供する国民生活や経済活動に必須となるサービスの可用性と強靭性を確保することを目的とし，重要インフラ分野における最低限のサイバーセキュリティ要件の拡大，官民協力の迅速かつ大規模な推進，連邦ネットワークの防衛と現代化，連邦インシデント対応政策の更新等が具体的な取り組みとして示されています。

第二に，有害なサイバー活動を効果的に抑止し，法執行活動を強化することが挙げられています。国家権力のあらゆる手段を用いて，悪意あるサイバーアクターが米国の国家安全保障や公共安全を脅かすことができないようにします。敵対者を撹乱するための国家権力の戦略的活用や，国家主導による産業界との連携，ランサムウェア脅威への包括的な対応等が具体的な取り組みとして示されています。

第三に，安全で回復力を促進するエコシステムの形成が挙げられています。デジタルエコシステム内で最もリスク削減に適した立場にある者に責任を負わせることを目指し，具体的には個人データのプライバシーと安全性の促進，ソフトウェア製品・サービスの責任をリバランスすること等が含まれます。

第四に，強靭な未来への投資です。連邦政府の補助金等のプログラムによりインフラへ戦略的に投資することによって，米国が次世代技術とインフラストラクチャーの革新をリードし続けるために，インターネットやデジタルエコシステム全体での技術的脆弱性の削減や，次世代技術（ポスト量子暗号化，デジタルIDソリューション，クリーンエネルギーインフラなど）のためのサイバーセキュリティ研究開発等を行うことが具体的な取り組みとして示されています。

第五に，共通目標を追求する国際的パートナーシップの構築です。責任ある国家行動が期待され，無責任な行動が孤立し高コストになる世界を目指すために，具体的には，パートナーと協力し，国際基準や標準化を促進しサプライチェーンの強靭性向上を図ることなどが挙げられています。

2　サプライチェーンのリスク管理

米国のサプライチェーンは非常に複雑で，グローバルに結びついており，このことがサイバーセキュリティにおける大きなリスク要因となっています。このリスクを緩和し透明性と信頼性を高めるため，特に情報通信技術（ICT）と運用技術（OT）関連の製品とサービスのサプライチェーンは重要視されています。

現在のICT及びOTのサプライチェーンは，原材料から最終製品に至るまで，

多くの外国サプライヤーに依存しているため，国家安全保障上のリスクが発生する可能性があります。これを解決するためには，多種多様な手段と協力が必要です。

米国は，IPEF（Indo-Pacific Economic Framework for Prosperity）や「Quad Critical and Emerging Technology Working Group」などのパートナーシップを通じて，クロスボーダーのサプライチェーンリスク管理に関するベストプラクティスを特定し，実装することに注力しています。

また，大統領令13873「情報通信技術とサービスのサプライチェーンの確保（Securing the Information and Communications Technology and Services Supply Chain）」に基づいて，敵対国の管理下にある情報通信技術とサービスによる国家安全保障上のリスクを防ぐ取り組みが進められています。

これらの施策は全て連携して行われ，米国内のデジタルインフラを守り，国際的なサイバーセキュリティの基盤を強化するための総合的なアプローチを構築しています。連邦政府は今後も，国家サイバー戦略の実施とその効果の評価を通じて，サプライチェーンリスク管理をさらに強化し，新たなサイバー脅威に対抗するための最適な方策を模索し続けると推察されます。

3　日本のサイバーセキュリティ戦略

現行のサイバーセキュリティ戦略は，2021年9月に閣議決定され，国家レベルでサイバーセキュリティの確保に取り組むための基本的な方針や目標を定めたものです。この戦略に基づき，政府はサイバーセキュリティの確保に向けた取り組みを進めています。内閣サイバーセキュリティセンター（NISC）が，サイバーセキュリティ戦略の策定や実施に関する総合調整役を担っています。

現行のサイバーセキュリティ戦略においては，サイバー空間をとりまく課題認識を踏まえ，「デジタル改革を踏まえたデジタルトランスフォーメーションとサイバーセキュリティの同時推進」「公共空間化と相互連関・連鎖が進展するサイバー空間全体を俯瞰した安全・安心の確保」「安全保障の観点からの取組強化」の3つの方向性を示しています。

NISCが事務局を務めるサイバーセキュリティ戦略本部は，サイバーセキュリティ戦略に基づく施策の進捗状況を検証し，次年度の計画に反映させる政策を年次で整理し公表しています。サイバーセキュリティ戦略本部は最新の「サイバーセキュリティ2024」において，「経済社会の活力の向上及び持続的発展」「国民が安全で安心して暮らせるデジタル社会の実現」と，「国際社会の平和・安定及び我が国の安全保障への寄与」の３つを特に強力に取り組む施策として掲げています。

「経済社会の活力の向上及び持続的発展」においては，サプライチェーンリスクへの対応強化とDXを推進・支援する取り組みの強化策として，セキュアバイデザイン・セキュアバイデフォルト原則を踏まえたIoT機器・ソフトウェア製品のサイバーセキュリティ対策強化等を，「国民が安全で安心して暮らせるデジタル社会の実現」においては，政府機関や重要インフラ等の対応能力の向上策として，政府のサイバーセキュリティ体制の抜本的強化等，また「国際社会の平和・安定及び我が国の安全保障への寄与」においては，欧米主要国をはじめとする関係国との連携の一層の強化策として，海外のサイバーセキュリティ関係機関との協調・連携及びインド太平洋地域における能力構築支援の推進等が具体的施策として挙げられています。

（参考資料）

・NATIONAL CYBERSECURITY STRATEGY

　https://www.whitehouse.gov/oncd/national-cybersecurity-strategy/

・サイバーセキュリティ戦略

　https://www.nisc.go.jp/pdf/policy/kihon-s/cs-senryaku2021.pdf

・サイバーセキュリティ2024

　https://www.nisc.go.jp/pdf/policy/kihon-s/cs2024_honpen.pdf

2 NIST Secure Software Development Framework (SSDF)

1 SSDFの背景と目的

　2010年代後半から2020年代初頭にかけて，ソフトウェアサプライチェーン攻撃（例えばSolarWinds事件）が増加し，その影響は広範かつ深刻であり，これらの事件は，サプライチェーン全体でのセキュリティ対策の強化が急務であることを明らかにしました。

　サイバーセキュリティとサプライチェーンの強靭性に関する大統領令14028は，新しいサイバーセキュリティ基準の導入と，サプライチェーンのセキュリティ強化を目的としています。この大統領令により，ソフトウェアサプライチェーンセキュリティに関するガイドラインやベストプラクティスが策定されています。

　米国国立標準技術研究所（NIST, National Institute of Standards and Technology）は，半官半民の立場でセキュリティ標準の策定において重要な役割を果たしています。特に，NIST Special Publication（SP）800シリーズがその活動の中心であり，その中で各種のサイバーセキュリティガイドラインを発表しています。

　「システム及び組織におけるサプライチェーンのサイバーセキュリティリスクマネジメントのプラクティス（Cybersecurity Supply Chain Risk Management Practices for Systems and Organizations）」（NIST SP 800-161）では，組織のサプライチェーンリスク管理（SCRM）を実践するためのガイドラインを提供しています。

　また，業務委託先や関連企業におけるセキュリティ対策を強化する動きの一環として，NISTは2020年に「SSDF（Secure Software Development Framework）」（NIST SP 800-218）を公表しています。このフレームワークは，セキュアなソフトウェア開発ライフサイクルを確立し，ソフトウェア開発

ライフサイクル全体における脆弱性リスクを軽減することを目的としています。

SSDFの実装を促進する一環として，連邦政府は連邦政府機関に対し，ソフトウェアを使用する前に，製造者からNISTガイダンスに沿った安全な開発慣行の実施を示す自己証明書を入手することを義務づけています。

ソフトウェアサプライチェーンのセキュリティ向上のため，政府機関によるソフトウェア調達要件が強化され，ソフトウェアベンダーはSSDFの基準に従う必要があるとされています。

2 SSDFの主要な原則

SSDFは，セキュリティが確保されたソフトウェア開発プロセスをサポートするための実践的なガイドラインを提供しています。

4つの原則は，ソフトウェア開発ライフサイクル全体を通じてセキュリティを組み込むための包括的なアプローチを提供しています。各原則には，より詳細なプラクティスが関連づけられており，組織はこれらを自社の開発プロセスに適用することができます。

原則1：態勢の準備（Prepare the Organization：PO）

組織全体でセキュアなソフトウェア開発を支援するために必要な人材，プロセス，技術を整備することに焦点を当てています。

- セキュリティ要件とセキュリティポリシーの定義
- SLDC全体のセキュリティ対策の自動化支援ツールの導入と実証
- 関与する人材の役割のアサインと責任の実施
- ソフトウェアのセキュリティチェックのための基準の定義とその運用
- ソフトウェア開発のためのセキュアな環境の導入と維持

原則2：ソフトウェアの保護（Protect the Software：PS）

開発プロセス全体を通じてソフトウェアを不正アクセスや悪意のある改ざんから保護することに焦点を当てています。

第6章　海外関連法令・関連国内ガイドラインの動向　**253**

- あらゆる形態のコードに対する不正なアクセスや改ざんからの保護
- ソフトウェアの完全性を検証可能な仕組みの提供
- 各ソフトウェアの構成管理

原則3：セキュアなソフトウェアの生産（Produce Well-Secured Software：PW）

　セキュリティを考慮したソフトウェア開発プロセスの実装に焦点を当てています。

- セキュリティ要件の充足とセキュアコーディング
- 設計時レビューによるセキュアコーディングの検証
- 既存の十分に保護されたソフトウェアの再利用
- コードレビューによる脆弱性の特定とセキュリティ要求事項への準拠検証
- 実行コードへのセキュリティテスト実施とセキュリティ要求事項への準拠検証
- 安全な状態をデフォルト設定としたソフトウェア提供

原則4：脆弱性への対応（Respond to Vulnerabilities：RV）

　ソフトウェアの脆弱性の特定，分析，修正に関するものに焦点を当てています。

- 脆弱性の迅速な把握と確認
- 脆弱性の評価と優先順位づけと修正
- 脆弱性の根本原因の特定

3　日本における自己認証制度

　米国のSSDFを見てきましたが，日本においては，「サイバーセキュリティ2024」において「特に強力に取組む施策」として明記されたセキュアバイデザイン・セキュアバイデフォルトについては，現在体系化・具体化された政府によるガイドラインは存在しませんが，具体的な措置の明確化に向けた検討が進

み始めています。

　経済産業省が産業サイバーセキュリティ研究会WG1にて「サイバーインフラ事業者に求められる役割等の検討会」を2024年9月より開始しています。ソフトウェアサプライチェーンに関わるサイバーインフラ事業者と顧客に求められる責務，及び責務を果たすための要求事項（役割別の具体的な取り組みの在り方）をまとめたガイドライン案を策定すると共に，その普及策（自己適合宣言の仕組み化等）の検討を通じて，ソフトウェアサプライチェーンのレジリエンス向上を図ることを目標としています。

　今年度は，関連する諸外国の取り組みの調査，サイバーインフラ事業者へのヒアリング等を通じて，責務及び責務を果たすための要求事項を整理し，ガイドライン案を作成し，来年度以降は，自己適合宣言の仕組み化検討，ガイドライン案の成案化，残課題への対応，普及施策（政府調達等での参照等）を検討予定としていることから，本検討会を中心に，ソフトウェアサプライチェーンに関わるサイバーインフラ事業者と顧客に求められる責務，及び責務を果たすための要求事項の整理が進み，実効性を担保する法的根拠の整理を伴いながら日本においても自己適合宣言が進むと想定されています。

（参考資料）
・NIST Special Publication 800-218
　https://nvlpubs.nist.gov/nistpubs/SpecialPublications/NIST.SP.800-218.pdf
・サイバーインフラ事業者に求められる役割等の検討の方向性
　https://www.meti.go.jp/shingikai/mono_info_service/sangyo_cyber/wg_seido/
　wg_bunyaodan/software/cyber_infrastructure/pdf/001_04_00.pdf

3 | 欧州委員会（EU）デジタルオペレーショナルレジリエンス法（DORA：Digital Operational Resilience Act）

1 DORAの概要

　金融セクターのデジタル化が加速しており，ICT（情報通信技術）は業務遂行に不可欠となっています。ITシステムへの依存度の高まり，サイバー攻撃の増加，大規模システム障害やパンデミックの発生など，近年のオペレーショナルリスクを取り巻く環境が変化しています。既存の未然防止策や，BCP（地震などの特定のリスク事象を想定した対応計画）も重要ですが，想定外の事象が生じた場合の対応には限界があります。

　サイバー攻撃やシステム障害といったリスクも増大しています。サイバー攻撃の手法が高度化しており，APT（Advanced Persistent Threats）やランサムウェアなどの新たな脅威が急増し，クラウドコンピューティングやIoT（Internet of Things）の普及により，ICT環境がますます複雑化し，管理が困難になっています。

　また，最近のサイバー攻撃やデータ漏洩事件が金融機関に大きな影響を与え，信頼性の低下や金融市場の不安定化を招いています。

　さらに，既存の規制やガイドラインでは，急速に進化するデジタルリスクに対応しきれておらず，一貫した統一的な枠組みが求められています。

　デジタルオペレーショナルレジリエンス法（DORA, Digital Operational Resilience Act）は，欧州連合（EU）の金融セクターを対象とした統一的な規制枠組みであり，金融機関のICT（情報通信技術）リスク管理を強化し，システムの堅牢性を向上させることを目的としています。サイバーセキュリティを強化するためのディレクティブやガイドラインは以前から複数存在しましたが，DORAは分散したサイバーセキュリティ関連基準の重複やギャップの解消を目指した統一的な規制であるため，今後，国際標準のベンチマークとなる可能

性があります。また，違反した場合には金銭的ペナルティ（最大１日当たりグローバルでの前年売上高の１％）が課せられます。2025年１月17日から適用開始の予定です。

DORAの対象には，EUに所在する金融機関（銀行，証券会社，ファンド提供者，保険会社，決済処理事業者等）に加えて，金融機関にICTサービス（クラウドプラットフォームやデータ分析サービス等）を提供するサードパーティも含まれます（EUに拠点を置く日系金融機関，ICTサードパーティを含む）。また，金融機関のグループ内でICTサービスを提供する場合も，同規制の枠組みに従う必要があり，DORAの影響を受ける企業は金融機関だけで22,000社以上にのぼります。

欧州金融監督当局（ESA, European Supervisory Authorities）は，金融サービスへの影響（利用している金融機関の数や資産等），重要性（システム上重要な金融機関SIFIsへの依存度等），機能の重要性，代替可能性等を勘案した上で，金融機関にとって特に重要なICTサービスや機能を提供するICTサービス提供事業者を「クリティカルサードパーティ・プロバイダー（CTP）」として指名し，年次で更新，公開し，ESAがCTPを直接監督することになっています。

ESAは，CTPに指定されたサードパーティに対して，情報開示要求や立入調査を行う権限を持ち，指示に従わない場合は業務停止を求めることができます。金融機関側は，CTPがもたらすICTリスクの影響を定量化し，脅威ベースのレジリエンステストを年次ベースで実施し，脂弱性を解消するための対策を講じなければなりません。

2　DORAの主要な規制要件

a）ICTガバナンスとリスク管理

金融機関はサードパーティを含めたICTガバナンスシステムを確立し，リスク管理の基本原則をサードパーティ含めて浸透させる必要があり，サードパーティを含むリスク評価プロセスを通じて，潜在的なリスクを特定・評価し，適切な対応策を講じることが求められています。

第6章　海外関連法令・関連国内ガイドラインの動向　**257**

　対応策の範囲が非常に広範で，企業戦略や目標に沿った主要業績評価指標と主要リスク指標の策定を含むICTリスク管理の枠組策定，デジタルオペレーショナルレジリエンステストの実装方法に関する詳細説明や，ビジネス機能，プロセス，サードパーティの依存関係等をマッピングする包括的なビジネスインパクト分析の実施，脅威検知から対応，復旧，コミュニケーションまでの第一線の防衛線強化等が求められています。

b）　ICTのインシデント報告

　サイバー攻撃やその他のICT関連の重大インシデントが発生した場合，速やかに初報，続報，最終報告書を当局へ提出報告すること。また，そのインシデントの根本原因分析のタイムリーな実施，ステークホルダーへの報告等が求められています。

c）　レジリエンステスト

　全ての重要なICT機能について，脆弱性評価やシナリオに基づくテストの年1回の実施，金融システムにおいて重要と判断された金融機関については，重要な機能を提供するICTサードパーティ・サービスプロバイダーも含めた3年ごとの脅威ベースのペネトレーションテストの実施，及び脆弱性に対処するための効果的な修復とフォローアッププロセスの確立が求められています。

d）　ICTサードパーティリスク管理

　金融機関は外部サービスプロバイダーに対するリスク評価と契約管理を徹底し，サプライチェーン全体のセキュリティ対策を強化することを求められています。契約段階に先立ってICTサードパーティ・サービスプロバイダーと，監査，アクセシビリティ，セキュリティなどのパフォーマンス目標について合意し，コンプライアンスを検証するための効果的なプロセスを確立することや，ICTサードパーティ・サービスプロバイダーの依存関係の可視化と集中リスクの評価を実施し，ICTサードパーティ戦略の定期的な見直しが求められています。

3　日本におけるICTサードパーティ管理

　DORA自体が日本における金融機関や企業に直接影響することはないものの，G7諸国は「金融セクターにおけるサードパーティ・サイバーリスク管理のためのG7基本的要素」など，類似の方針をフォローすることを表明しており，デジタルレジリエンス強化はG7諸国が共通して取り組む事項となっています。

　日本の金融業界においては，オペレーショナルレジリエンス強化やITガバナンスの高度化が求められる中で，経済安全保障推進法への対応も進められています。

（参考資料）
・Digital Operational Resilience Act
　https://www.eiopa.europa.eu/digital-operational-resilience-act-dora_en
・EUにおけるデジタルレジリエンス強化の動き
　https://www.nri.com/jp/knowledge/publication/fis/kinyu_itf/lst/2024/01/06

4　金融庁「金融分野におけるサイバーセキュリティに関するガイドライン」

1　金融分野におけるサイバーセキュリティに関するガイドラインの概要

　金融庁は，金融業界との対話・協働を通じ，連携して金融セクター全体のサイバーセキュリティの強化を促してきました。また，各業法に基づく金融機関等のサイバーセキュリティ管理態勢に関する監督の中で留意すべき点を，各監督指針・事務ガイドライン（監督指針等）において定めており，その規定に基づく検査・モニタリング等において，個別金融機関等との対話を行うと共に，検査・モニタリング等の結果を一般化して業界全体に還元することにより，金融セクター全体のサイバーセキュリティの強化を促進してきました。

　金融庁は，2015年に「金融分野におけるサイバーセキュリティ強化に向けた

第6章　海外関連法令・関連国内ガイドラインの動向　**259**

取組方針」を公表し，その後も2018年9月，2022年2月の2度にわたってアップデートしています。さらに2024年10月4日に「金融分野におけるサイバーセキュリティ強化に向けた取組方針」（以下，ガイドライン）を公表し，詳細かつ広範な取組事項について定めています。

本ガイドラインの特徴として，以下が挙げられます。

1点目は，これまでの検査・モニタリングの結果及び金融セクター内外の状況の変化を踏まえ，監督指針等とは別に，更に詳細なガイドラインとして策定されている点です。

近年，サイバー攻撃は高度化・複雑化し，その頻度も増加しており，特にランサムウェア攻撃やフィッシング詐欺が増加傾向にあり，金融機関のシステムやデータに対する脅威が高度化しています。また，デジタル化の進展により，オンプレミスからクラウド環境への移行や，モバイルデバイスやIoTの利用拡大もリスク要因とされています。これにより，金融機関は新たな攻撃サーフェスに対応するための防御戦略を再評価し，適切なセキュリティ対策を講じる必要が生じています。

こうした状況の下，従来監督指針に記載されていたサイバーセキュリティ関連の対応事項をガイドラインに拡充し示すことで，金融機関に求められるサイバーセキュリティ対応やその重要性が強調されています。

2点目は，組織全体としての対応を実現するためのサイバーセキュリティ管理態勢構築への経営陣の関与・理解を求めている点です。

サイバーインシデントによる業務の中断は，顧客に大きな影響を与え，金融機関等ひいては金融システムの信頼に大きな影響を与えかねない重大なリスクです。こうしたリスクの性質に鑑みれば，サイバーセキュリティは，IT・システム部門の問題に止まらないことは明らかであり，経営責任が問われかねない問題です。変化し続ける脅威に対応する上では，組織的・技術的な対応態勢を不断に機動的に見直す必要があり，このためには，経営陣の主体的な関与の下，リソースを適切に配分することが求められると共に，インシデントが起き

てから態勢を見直すという受け身の対応ではなく，平時から能動的に態勢を見直す必要があります。また，サイバーセキュリティは，サイバーセキュリティ担当部署やIT担当部署だけでは確保できないため，経営陣をはじめとして，組織全体で態勢構築と運営を行う必要があります。

　取締役等の役員は，民法，会社法その他各業法等の規定に基づく責務を負うため，自組織の規模，特性又はサイバーセキュリティリスクに鑑みたサイバーセキュリティ管理態勢が不十分なことに起因して自組織や第三者に損害が生じた場合，善管注意義務違反や任務懈怠による損害賠償責任を問われ得ることをあらためて示しています。

　3点目は，サイバーセキュリティの観点から見たガバナンス，特定，防御，検知，対応，復旧，サードパーティリスク管理に関する着眼点について規定し，それぞれについて金融機関等において「基本的な対応事項」及び「対応が望ましい事項」を明確化している点です。

　「基本的な対応事項」は，IT資産の適切な管理，セキュリティパッチ適用などの基本的な行動を組織全体に浸透させる取り組み，その他の金融機関等が一般的に実施する必要のある基礎的な事項，「対応が望ましい事項」は，金融機関等の規模・特性等を踏まえ，インシデント発生時に，地域社会・経済等に大きな影響を及ぼし得る先において実践することが望ましいと考えられる取り組みや，他国の当局又は金融機関等との対話等によって把握した先進的な取り組み等の大手金融機関及び主要な清算・振替機関等が参照すべき優良事例を指しています。

　金融機関等の規模・特性は様々であることから，そのいずれについても，一律の対応を求めるものではなく，金融機関等が，自らの事業環境やリスクの許容度等を鑑み，サイバーセキュリティリスクを特定，評価し，リスクに見合った低減措置を講ずること（いわゆる「リスクベースアプローチ」を採ること）を求めています。

第6章　海外関連法令・関連国内ガイドラインの動向　**261**

またガイドラインでは，サードパーティリスク管理に関する内容が新設されています。

金融機関等のサードパーティへの依存が増大すると共に，金融機関等のサプライチェーンは拡大・複雑化しています。金融機関等にとってそのリスク管理の難度は増大している中，サプライチェーンに由来するサイバーインシデントにより，金融機関等が多大な影響を受ける事例が発生しています。金融機関等は，こうした状況を踏まえ，サプライチェーンのサイバーセキュリティリスクを適切に管理することが重要となっています。

加えて，金融機関等にサービス等を提供するサードパーティは，金融機関等によるサイバーセキュリティリスクの適切な管理のために，必要な支援（当該サードパーティに関するサイバーセキュリティリスクを含め，金融機関が必要な情報を利用できるようにすることなど）を行うべきとされています。

ガイドラインでは，金融機関に求められるサードパーティリスク管理に関して，サプライチェーン全体を考慮したサイバーセキュリティ戦略策定，リスク管理体制の整備，サードパーティの特定，サードパーティを含めたサイバーインシデント対応計画やコンティンジェンシープランの整備，取引開始時のデューデリジェンスや，サードパーティが遵守すべきサイバーセキュリティ要件の明確化等を基本的な対応事項として示しています。

ガイドラインに示された具体的な対策については各金融機関にてリスクベースアプローチを採りつつ検討する必要があり，各社試行錯誤で検討をしている状況です。

一方で，2022年5月に制定された経済安全保障推進法に基づく対応のうち，「特定社会基盤役務の安定的な提供の確保に関する制度」において，特定社会基盤事業者は，適切なリスク管理措置が求められることとなっていますが，該当する金融機関は，ガイドラインで求められる対応と同様なリスク管理措置が求められており，遵守する必要があります。

経済安全保障推進法に基づくリスク管理措置において具体的に対応が求められる対策内容は，今後も解説書等において更新され示されていくものと思われ

ます。したがって，日本の金融機関及び関連事業者においては，本ガイドラインに基づく経済安全保障推進法への対応を進めることで，オペレーショナルレジリエンスの強化にもつなげていく，というアプローチが多くの金融機関にとって現実的な進め方になるものと想定されます。また，本章のEUのDORAをベンチマークとして，DORAで求められるリスク管理措置の内容を確認・検証しておくことも有益だと考えられます。

(参考資料)
・金融分野におけるサイバーセキュリティに関するガイドライン
　https://www.fsa.go.jp/news/r6/sonota/20241004/18.pdf

第 7 章

今後の展望と課題

第7章　今後の展望と課題　**265**

1 金融セクターにおける経済安全保障推進法への対応の課題

1　金融セクターにおける経済安全保障推進法の対象

　金融セクターにおける経済安全保障対応の最大の課題は，経済安全保障への対応が一部の大手金融機関にだけ委ねられている点にあります。今回の経済安全保障推進法において特定社会基盤事業者と指定された金融機関は，最大手の銀行・証券・保険会社等に限られています。電気・ガス・水道のような生活インフラを担う特定社会基盤事業者と違い金融機関の裾野は広く，法人・個人への影響も複雑です。したがって，金融セクターのシステミックリスクを狙うのであれば，何もサイバーセキュリティ防御力の高い大手金融機関を狙う必要はなく，中堅中小の金融機関や地方の信用組合等に無差別攻撃を仕掛けたほうが攻撃効果が高い上に窃取できる情報・資産の量も増えます。

　昨今，サイバーセキュリティに対する意識は，大手金融機関だけでなく中堅中小の金融機関にまで高まっていますが，要員不足と費用等の問題があり対策が思うように進んでないのが実態です。

【経済安全保障の対象企業】

真に日本の金融セクターの経済安全保障対応を考えるのであれば，広い裾野まで行き届いたリスク対応を進める必要があります。

2 特定重要設備以外のリスク管理措置対策

経済安全保障推進法で求められるリスク管理措置は，特定重要設備に限られています。したがって，リスク管理措置の要件は，特定重要設備以外のOA端末や業務アプリケーションは対象外であり対応が求められていないのが現状です。

サイバー攻撃を仕掛ける悪意を持った外部内部の組織・団体・個人にとって，攻撃目的（金融システムの破壊や資産の搾取）を達成するための攻撃目標として勘定系システムや基幹システムだけを狙う必要はないはずです。金融機関の内外（サプライチェーン含む）の脆弱性を突き，目的達成の道筋さえつけることができれば彼らの攻撃目標は何でも良いということになります。

経済安全保障推進法のリスク管理措置への対応ということであれば特定重要設備への対応だけで事足りますが，外部からの攻撃を守るための防御はゼロトラスト[1]と金融機関が関係するサプライチェーン全体を対象とすることが望ましいと考えます。

> [1] ゼロトラスト：社内外のネットワーク環境における，従来の「境界」の概念を捨て去り，守るべき情報資産にアクセスするものは全て信用せずにその安全性を検証することで，情報資産への脅威を防ぐという，セキュリティの新しい考え方。

【特定重要設備の範囲】

【ゼロトラストモデルの概要】

境界型セキュリティモデル → ゼロトラストモデル　への転換

境界型セキュリティモデル	ゼロトラストモデル
❶ 守るべき情報資産は境界内部にある	❶ 守るべき情報資産は境界内外にある
❷ 守るべき情報資産は境界内部からアクセスする	❷ 守るべき情報資産は境界内外からアクセスされている
❸ 脅威は境界外部に留めておく	❸ 脅威は境界内部にも移動している

Trust but Verify
信ぜよ，されど確認せよ

Verify and Never Trust
決して信頼せず必ず確認せよ

3　ムービングターゲット

　経済安全保障推進法のリスク管理措置のレベル感はあくまでも現状の法規制，各国の状況，インシデント（システム障害，サイバー攻撃，セキュリティ事故等）の状況によるところが大きいです。海外での政情変化，新たなテクノロジーの発生による新たなリスクの拡大，法規制の変化はリスク対策のターゲットを常に移動させることになります。金融機関はこのムービングターゲットを常にウォッチし，常に新たなリスクへの対策を検討し続ける必要があります。

ターゲット（リスク管理のレベル）が常に変わることを前提に活動

4　リスク管理コストの恒常的な増加

　経済安全保障推進法のリスク管理措置に限った話ではないですが，前述のとおりリスク対策はムービングターゲットであり，常に"今"以上の対策が必要となります。掛かるコストは"もし何かあった時"のための対策が殆どであり，売上と利益に直結するものではありません。しかしながら何かあってからでは遅いのがリスク対応であるため，自組織及び金融セクターが晒されているリスクを正しく把握し無駄なコストを掛けず効率的かつ効果的なリスク対応にコストを集中すべきと考えます。

第7章　今後の展望と課題　269

5　リスク管理要員の確保

　サイバーセキュリティ対策要員を含むIT要員の不足は日本の金融セクターにとって非常に大きな課題です。元来，本業ではないIT要員の量も質も不足しており，キャリアプランも示せないまま本格的なDX時代を迎えてしまっているのが日本の金融セクターです。高度なセキュリティ知識を要するサイバーセキュリティ要員の不足は今後さらに大きくなると予想されています。金融機関は今後のリスク対策をより充実したものにするための要員育成，要員確保を積極的にする必要があると考えます。

　上述した数々の課題に対処するためには，金融セクターは内部プロセスの見直し，新しい技術の導入，セキュリティ人材の採用・育成，そして政府や他の関係機関との協力が不可欠です。経済安全保障を確保しつつ，金融セクターの

成長と安定を維持するためのバランスを図ることが求められます。

今年が "壁" の年
経産省 DX レポートにおける 25 年の壁

IT人材不足 **43万人**	長期間の基幹システム稼働 **60%**
保守運用費用の割合 **9割以上**	老朽化に起因する障害の経済損失 **12兆円**

2 経済安全保障推進法への対応のための継続的な改善の必要性

　経済安全保障推進法は，国の安全保障に重要な経済的利益を守るために制定された法律です。この法律に基づく対応は一度きりで完結するものではなく，長期的に継続するものになります（第7章①3参照）。

　継続的な改善が求められる理由は以下のような点にあります。

課題の多さ：前章でも述べたように，各課題を全て短期間に解決することはできません。多くの課題と中長期的に付き合うため，全社大での対応計画を作ることが必要です。

リスクの変化：新しいリスクが時々刻々と発生します。この新しいリスクが発見されるたびに，それに対応する新しい対策を講じる必要があります。継続的なリスク評価と対策の更新は，安全保障を確保するために不可欠です。

技術革新：インターネット技術が出てきた90年代と同様に新たな技術は新たな

リスクを生みます。今後も生成AIや量子暗号技術等の更なる発展，これまでの技術概念を覆すような新規技術とそれに伴うリスクをモニタリングする必要があります。

リスク対策の効果検証：実施した対策が期待どおりの効果を上げているかどうかを検証し，改善点を見つけてフィードバックするプロセスが必要です。これにより，対策の効果を最大化できます。

法律や規制のアップデート：時代の進展に伴い，法律や規制自体も見直しや更新が必要となります。新しい脅威や技術に対応するための法改正は避けて通れないため，法改正に適応した対応が必要となります。

国際協力：経済安全保障は一国だけで達成できるものではありません。国際的な協力や連携が不可欠であり，他国の動向や対策を常にモニターし，適切に対応する必要があります。

経済安全保障というゴールのない対応を企業や政府機関が実施するには，上述の要素を踏まえた継続的な改善サイクルを持つことが重要です。経済安全保障に係るPDCAサイクル（Plan-Do-Check-Act）を経営計画に盛り込み，持続的に強化していきましょう。

3 金融機関における経済安全保障推進法への対応の将来展望

金融機関におけるリスク管理措置への対応は間違いなく金融機関及びITシステムのリスクレジリエンス[1]を高めることになります。リスクレジリエンスの高まりは安定的な金融サービスの提供につながり，ひいては金融機関ユーザーの利益につながるものと思料しています。そのためにも金融機関（特定社会基盤事業者に限らず全ての金融機関）は法律への対応という範囲に限らず，真の意味での経済安全保障（経済的な安定と持続可能な発展を確保するために，外部及び内部の脅威に対処する取り組みによる経済的利益の安定的な供給）を

目指すべきです。

※1　リスクレジリエンス：個人，組織，地域社会，又はシステムが予期せぬリスクや災害，障害に対して耐性を持ち，迅速に回復し，さらに進化する能力のことを指します。この概念は，企業経営，都市計画，インフラ管理，環境保護，サイバーセキュリティなど多くの分野で重要視されています。

　国との協力，金融セクター内で協働しての取り組み，サプライチェーンを巻き込んだ対策強化が社会インフラとしての金融セクターの責務です。

　経済安全保障法をきっかけとしたリスクレジリエンスの高まりは適切な外国投資を多く呼び込むものと思料しています。安定した金融インフラは多くの投資家を呼び込み，更なるリターンを金融セクターにもたらすでしょう。金融サービスにおけるリスク＆リターン原則は，経済安保におけるリスク投資とそれに伴う安定として返ってくるという意味では同じであると考えています。持続可能な経済成長のためにこの経済安全保障推進法へのリスク対応が不可欠です。

　これらの期待が実現されることで，国家の経済安全保障は強化され，国民の生活の質やビジネス環境の安定が保たれます。

　経済安全保障推進法のリスク管理措置がサイバーセキュリティを強化することに終始することなく，正しく経済安全保障を理解し，リスクを評価し，自組織と金融セクターが置かれた立場に対し包括的な対応で経済の健全性と安全性に寄与することを切に願っています。

　今後も本書が皆様の経済安全保障の取り組みにおいて有益な手引きになることを期待しています。

【編者紹介】

NRIセキュアテクノロジーズ

NRIセキュアテクノロジーズ（NRIセキュア）は，野村総合研究所（NRI）の社内ベンチャー第1号として，1995年に立ち上げ。ネットワーク監視事業を母体としており，2000年にNRIから分社化，情報セキュリティの専門会社として設立。変化の激しい情報セキュリティに精通し，世界レベルでの経験を積んだスペシャリストが，真に役立つ，高品質なサービスを提供。テクノロジーとマネジメントの両面から，企業・組織の情報セキュリティに関するあらゆるニーズに対応する。

【著者紹介】

森田　太士（もりた　だいじ）

戦略ITイノベーション事業本部　副本部長
事業戦略，顧客戦略の企画立案，実施及び経済安全保障推進法に係るコンサルテーションに従事。

鈴置　一夫（すずおき　かずお）

戦略ITイノベーション事業本部　サプライチェーンセキュリティ事業開発部　部長
サプライチェーンセキュリティ事業開発及び同事業周辺，経済安全保障推進法等に係るコンサルテーションに従事。

村瀬　剛史（むらせ　たけふみ）

戦略ITイノベーション事業本部　金融ビジネス戦略部　部長
金融分野におけるセキュリティ事業戦略，顧客戦略の企画立案および推進に従事。

三宅　正晃（みやけ　まさあき）

戦略ITイノベーション事業本部　サプライチェーンセキュリティ事業開発部　エキスパート
情報システム構築におけるプロジェクトマネジメント支援，経済安全保障推進法に係るコンサルテーションに従事。

小川　健一（おがわ　けんいち）

戦略ITイノベーション事業本部　事業戦略部　エキスパート
サイバー・トラスト領域におけるインテリジェンス活動に従事。

金融機関のための
経済安全保障推進法のリスク管理措置への対応

2025年2月15日　第1版第1刷発行

編　者	NRIセキュアテクノロジーズ
発行者	山　本　　　継
発行所	㈱中央経済社
発売元	㈱中央経済グループパブリッシング

〒101-0051　東京都千代田区神田神保町1-35
電話　03 (3293) 3371 (編集代表)
　　　03 (3293) 3381 (営業代表)
https://www.chuokeizai.co.jp
印刷／昭和情報プロセス㈱
製本／㈲井上製本所

©2025
Printed in Japan

＊頁の「欠落」や「順序違い」などがありましたらお取り替えいたしますので発売元までご送付ください。(送料小社負担)

ISBN978-4-502-53021-0　C3034

JCOPY〈出版者著作権管理機構委託出版物〉本書を無断で複写複製 (コピー) することは,著作権法上の例外を除き,禁じられています。本書をコピーされる場合は事前に出版者著作権管理機構 (JCOPY) の許諾を受けてください。
　JCOPY〈https://www.jcopy.or.jp　eメール：info@jcopy.or.jp〉